道經

PREMIER LIVRE

DU

TAO-TE-KING,

DE

LAO-TSEU.

Le Tao-Te-King.

OU

LE LIVRE RÉVÉRÉ

DE LA RAISON SUPRÊME
ET DE LA VERTU,

PAR

LAO-TSEU;

TRADUIT EN FRANÇOIS ET PUBLIÉ POUR LA PREMIÈRE FOIS EN EUROPE,
AVEC UNE VERSION LATINE ET LE TEXTE CHINOIS EN REGARD,
ACCOMPAGNÉ DU COMMENTAIRE COMPLET DE SIE-HOÉÏ, D'ORIGINE OCCIDENTALE,
ET DE NOTES TIRÉES DE DIVERS AUTRES COMMENTATEURS CHINOIS,

PAR G. PAUTHIER.

1re Livraison.

PARIS,

F. DIDOT frères, Libraires, rue Jacob, 56. || Vᵉ DONDEY-DUPRÉ, rue Vivienne, 2.
Benjamin DUPRAT, cloître-Saint-Benoît, 7. || Victor MASSON, rue de l'École-de-Médecine, 4.

LEIPZIG,

BROCKHAUS et AVENARIUS ; et à Paris, rue de Richelieu, 60.

M DCCC XXXVIII.

Cura et Sumptibus Interpretis.

IMPRIMÉ AVEC LES TYPES CHINOIS MOBILES GRAVÉS SUR POINÇONS D'ACIER ET FONDUS
PAR MARCELLIN-LEGRAND, GRAVEUR DE L'IMPRIMERIE ROYALE.

TERZUOLO, imprim.

10 Janvier 1838.

AVERTISSEMENT

DU DOCTEUR *SIE-HOEÏ,*

DATÉ DE LA DEMEURE DE LA GRANDE TRANQUILLITÉ, DU DISTRICT DE KOU.

L'Ouvrage de Lao-tseu consiste en deux parties : la première est nommée 道經 *Tao-King : le Livre révéré de la Raison suprême ;* la seconde est nommée 德經 *Te-King : le Livre révéré de la Vertu.* C'est pour cela que quelques personnes appellent cet ouvrage 道德經 *Tao-te-King : le Livre révéré de la Raison suprême et de la Vertu.*

Wou-yeou-thsing a dit : « Je remarque que les dénominations de *Livre révéré de la Raison suprême,* 道經, *Livre révéré de la Vertu,* 德經, sont prises chacune du premier caractère qui est en tête de chaque partie, ou de chaque livre ; ensuite, ayant voulu réunir les deux livres sous la même dénomination, on appela l'ouvrage entier 道德經 *Tao-te-King : le Livre de la Raison suprême et de la Vertu,* sans que par les deux expressions *Raison suprême* et *Vertu,* 道德, Lao-tseu ait voulu lui-même désigner son ouvrage. »

Je remarque humblement que, selon le *Sse-Ki*[1], Lao-tseu demeura pendant long-temps dans les états des *Tchéou.* Voyant que leur puissance étoit sur son déclin, il prit alors la résolution de s'éloigner pour n'être pas témoin de leur chute. Il arriva à la limite de la frontière chinoise nommée *le Passage*[2]. Le commandant de ce passage lui dit : « Puisque vous voulez, philosophe, vous retirer dans la retraite, prenez sur vous de composer un livre pour mon usage. » C'est d'après cette invitation

---

[1] 史記, célèbre ouvrage historique de Sse-ma-Thsian, qui vivoit dans le second siècle avant notre ère.

[2] 關 *Kouan (passage* ou *porte-frontière).* Forteresse du premier ordre.

que Lao-tseu composa son ouvrage en deux livres, dans lequel il a exposé le sens des mots *Raison suprême* et *Vertu*, 道德 ; c'est ainsi que son ouvrage s'est trouvé divisé en deux livres ; mais ces deux livres sont fort anciens ; ils portent chacun le titre de 經 *King : Livre révéré ;* c'est en signe de respect et de vénération que, par la suite des temps, on leur a donné cette dénomination.

Dans le livre des *Han*, intitulé *I-wen-tchi : Statistique de la Littérature et des Arts*, on trouve que les plus anciennes explications de Lao-tseu sont les suivantes :

老子隣氏經傳 *Lao-tseu lin chi King tchouan ;*

老子傳氏經說 *Lao-tseu tchouan chi King chouë :*

老子徐氏經說 *Lao-tseu siu chi King chouë.*

Ces explications existoient encore sous la dynastie des *Han ;* c'est avec ces divers commentaires et explications que l'on a reformé le *King* ou *Livre révéré.* Ainsi ces trois éditeurs étoient les seuls qui eussent jusqu'alors expliqué Lao-tseu. Celui que l'on nomme 吳氏 *Wou chi*[1], n'a pas donné à son ouvrage la dénomination de 道德 *Tao-te*, la *Raison* ou *le Principe suprême* et la *Vertu ;* c'est la Vérité.

---

[1] C'est Wou-yeou-tsing cité dans la page précédente. L'ouvrage de ce commentateur est intitulé : 吳幼清註 *Wou yeou thsing Tchou.*

ARGUMENT

DU PREMIER CHAPITRE.

Ce chapitre forme l'exorde ou le préambule de tout l'ouvrage. C'est de la métaphysique la plus haute qui ait jamais été conçue et exprimée par une intelligence humaine. LAO-TSEU y définit ce qu'il entend par la *Cause première*, *l'origine des choses* et *la nature des êtres*. Mais ayant à exprimer sur ces grandes questions d'autres doctrines que celles reçues avant lui en Chine, et professées par les philosophes de l'école de KHOUNG-TSEU, il commence logiquement par définir les termes qu'il emploie, les nouvelles acceptions qu'il donne aux mots déjà connus et usités avant lui. C'est le caractère 道 *tao*, composé du radical 辶 *tchho*, *marche*, *mouvement en avant*, et du groupe additionnel 首 *cheoù*, *tête*, *principe*, *commencement*, dont la composition signifioit primitivement *marche intelligente*, et ensuite *voie*, *voie droite*; puis métaphysiquement *chemin de la vertu*, *règle de conduite*, *parole*, qu'il choisit pour désigner sa *Cause première*, mais en élevant sa signification jusqu'à l'idée de *souveraine Intelligence directrice*, *Raison primordiale suprême*, comme le Λόγος de Platon, de Philon, de Plotin, de saint Jean et d'autres philosophes. LAO-TSEU en définissant son être primordial, représenté par le caractère et le mot 道 *tao*, le dégage de tous les attributs périssables, pour ne lui laisser que ceux d'*éternité*, d'*immuabilité* et d'*absolu*. Ces derniers attributs lui semblent encore trop imparfaits, et il le désigne en disant qu'il est la négation de tout, excepté de lui-même; qu'il est le *Non-Être*, le *Rien*, relativement à l'*Être*; mais qu'il est aussi l'*Être*, relativement au *Non-Être*. Dans son préambule, LAO-TSEU établit que sa première cause est *éternelle*, *immuable*; que, considérée sous deux points de vue, on peut distinguer en elle *deux natures* ou *deux modes d'être*. Dans le premier, elle est désignée sous le nom de *Non-Être*: c'est le *principe* du ciel et de la terre; c'est sa *nature merveilleuse et divine*, sa *nature illimitée*; c'est son état de *non-être* ou d'*incorporéité*. Dans le second mode, cette première cause est désignée sous le nom d'*Être*: c'est *la mère de tous les êtres*; c'est sa *nature corporelle phénoménale*, sa *nature limitée*; c'est son état *d'être* ou de *corporéité*. La *nature merveilleuse et divine* de la Cause première produit toutes les *intelligences*; et la *nature corporelle phénoménale* produit tous les *êtres matériels*. Mais ces *deux natures* ont une *même source*; elles se confondent dans la RAISON PRIMORDIALE ou PRINCIPE SUPRÊME.

道可道，非常道。體
名可名，非常名。
無名天地之始。
有名萬物之母。
故常無欲以觀其妙。
常有欲以觀其徼。
此兩者同出而異名。
同謂之玄。
玄之又玄。
衆妙之門。

SUBSTANTIALIS RATIO.

4. Via [quæ] potest frequentari, non æterna-et-immutabilis rationalis-Via ;
Nomen [quod] potest nominari, non æternum-et-immutabile Nomen.
Non-Entis nomen : cœli, terræ ° principium ;
Entis nomen : omnium rerum ° mater.
5. Itaque, æternum Non-Ens vult τὸ contemplare ejus essentiam-mirabilem ;
Æternum Ens vult τὸ contemplare ejus limites.
Hæc duo, quæ simul egrediuntur, attamen diverse nominantur ;
Cunjunctim dicuntur ea profundum [seu reconditissimum] ;
Profundum illud, adhuc profundum,
10. Omnium essentiarum-mirabilium porta.

GLOSES TIRÉES DU RECUEIL DES ANCIENS PHILOSOPHES, INTITULÉ TCHOU-TSEU.

Vers 3 et 4. Les deux caractères 名 *ming*, des expressions 無名 *wou ming*, 有名 *yéou ming*, sont deux noms ou *substantifs qualificatifs*: 兩名字 ; ils sont une dérivation corrélative des mêmes caractères du vers précédent: 從上名字來。

Vers 5 et 6. Les caractères 無 *wou* et 有 *yéou*, des expressions 常無 *tchang wou*, et 常有 *tchang yéou*, sont des noms ou *substantifs qualificatifs*: 無字有字 ; ils sont aussi une dérivation corrélative des mêmes caractères des deux vers précédents: 從上有無字來。

I.

DU TAO OU PRINCIPE SUPRÊME,

CONSIDÉRÉ DANS SON ESSENCE..[1]

La voie droite qui peut être suivie dans les actions de la vie n'est pas le Principe éternel, immuable, de la Raison suprême. Le nom qui peut être nommé n'est pas le Nom éternel et immuable. Désigné sous le nom de Non-Être, ou considéré dans son état de négation de tous les attributs inhérents à l'existence matérielle, ce Principe suprême est la cause efficiente et primordiale du ciel et de la terre ; désigné sous le nom d'Être, ou considéré dans son état d'existence corporelle, c'est la mère de tous les êtres. C'est pourquoi l'éternel Non-Être éprouve le désir de contempler sa nature imperceptible aux sens, sa nature merveilleuse et divine, inaccessible à la raison humaine ; c'est pourquoi l'éternel Être éprouve le désir de contempler sa nature limitée, sa nature corporelle phénoménale. Ces deux natures ou modes d'être du Principe suprême ont la même origine et se nomment cependant diversement ; ensemble on les appelle l'indistinct et le profond comme l'azur du ciel ; cet indistinct et profond comme l'azur du ciel, porté au dernier degré, est la source de toutes les intelligences merveilleuses inaccessibles à la raison humaine.

[1] Les titres de chapitres ou sections de l'ouvrage de LAO-TSEU que nous donnons ici sont empruntés à l'édition de HO-CHANG-KOUNG, et ne font point partie intégrante du TAO-TE-KING. Ils peuvent cependant servir à l'intelligence de ces chapitres ; et c'est pour ce motif que nous les avons reproduits.

LE TAO-TE-KING,

DÉFINITIONS.

L'*Édition variorum* du *Tao-te-King*, intitulée : 老子翼 *Lao-tseu-i les Ailes de* LAO-TSEU), que nous avons eue quelque temps entre les mains, et dans laquelle se trouvent réunis un si grand nombre de moyens d'interprétation, donne les éclaircissements suivants, qui ne sont pas dans le *Commentaire choisi* de SIE-HOÏ.

Le caractère 母 *mou* [*mater*] indique que les êtres sont nés de ce Principe suprême : 母者言物自此生也。

TING-I-TOUNG [1] a dit : 無名 [etc., jusqu'à 母] : quelques-uns lisent : 無名。有名 [*sans nom, avec un nom*], d'autres lisent : 無。有 [le *Non-Être*, l'*Être*. LAO-TSEU a dit ailleurs (chap. 32) : 道常無名。始制有名. S'ensuit-il que l'on doive lire 無 et 有 séparément ?

常無欲 [etc., jusqu'à 徼]; il est des personnes qui lisent : 常無。常有 [*l'éternel Non-Être, l'éternel Être*]; d'autres lisent : 無欲。有欲 [*sans désir, avec des désirs*]. TCHOUANG-TSEU a dit : 建之以常無有 , *il l'a établi l'éternel Non-Être et l'Être*. Ce passage se rapporte réellement à celui de LAO-TSEU, et il ressemble pour la construction à ces parties des deux phrases ainsi coupées : 常無。常有. Mais LAO-TSEU a écrit ailleurs (chap. 34) : 常無欲可名於小. Il paroît résulter clairement de ce passage, que l'on ne doit point s'en rapporter à l'autorité de TCHOUANG-TSEU. La lecture du texte de LAO-TSEU doit plutôt être fixée par ses propres écrits que par ceux de quelque autre philosophe que ce soit. [2]

---

[1] Ce commentateur a écrit une explication du *Tao-te-King* intitulée : 丁易東解 *Ting-i-toung-Kiaï.*

[2] Cette manière d'interpréter seroit la plus raisonnable si l'identité des passages assimilés étoit démontrée, et si l'autorité d'un philosophe comme TCHOUANG-TSEU, disciple célèbre de LAO-TSEU, n'étoit pas d'un grand poids. Après avoir adopté d'abord l'interprétation du scholiaste chinois, nous avons fini par préférer l'autre lecture, qui est plus logique et s'accorde mieux avec la construction du texte du premier chapitre. (Voir les Notes à la fin du volume.)

CHAPITRE I.

薛西原先生老子集解

TRADUCTION COMPLÈTE

DU COMMENTAIRE CHOISI DU VÉNÉRABLE *SIE* [*HOEÏ*], D'ORIGINE
OCCIDENTALE ,

Sur l'Ouvrage de LAO-TSEU.

La Raison ou le Principe suprême est essentiellement non-agissant [à la manière des êtres matériels] ; si le Principe suprême pouvoit être agissant, c'est qu'il seroit impliqué dans les soins de l'action ; il ne seroit point le Principe suprême éternel, immuable : 道本無爲。若道可爲者。乃有爲之事。非常道也。

Le Principe suprême est essentiellement *sans nom ;* s'il pouvoit être nommé par un nom propre, c'est qu'il seroit du nombre des êtres ayant des formes corporelles ; il ne seroit point le Nom éternel, immuable : 道本無名。若名可名者。乃有形之物。非常名也。

Car l'Être *non-agissant* peut néanmoins *agir sans agir ;* l'Être *sans nom* peut néanmoins être nommé *sans nom :* 蓋無爲者。非爲之可爲。無名者。非名之可名也。

L'expression 可道 *kho tao* [*potest frequentari*] doit s'entendre comme le caractère 道 *tao* dans la phrase du *Li-ki :*[1] 不虛道 *pou hiù tao,* [les rites] ne sont point faussement pratiqués, suivis.

Le caractère 常 *tchang* [*æternum-et-immutabile*] signifie ce

[1] 禮記 *Li-Ki,* section 禮器 *Li-Khi,* Kiouan 5 , fol. 13. (Voir les Notes à la fin du volume, pour la citation et l'explication du paragraphe entier.)

qui dure perpétuellement et n'éprouve aucun changement, aucune transformation : 恆久不變之謂。

無名。有名 *wou ming, yeou ming* [*Non-Entis nomen, Entis nomen*], ces deux expressions indiquent et caractérisent la Raison, le Principe suprême ou le *Tao* : 並指道而言. Par l'expression de *Non-Être*, c'est la substance [inénarrable] de la Raison primordiale, c'est l'essence du Principe suprême que l'on a voulu désigner : 無名者。道之體也。 Par l'expression ou le nom d'*Être*, c'est la *nature limitée*, ce sont les modes usuels et tombant sous les sens du même Principe suprême qui sont désignés : 有名者。道之用也。

L'essence du Principe suprême est vide, immatérielle, insaisissable par les organes des sens [c'est la négation de tout mode d'exister corporellement] : 道體虛無. Avant que les êtres corporels eussent commencé à exister [avant que le Principe suprême se fût manifesté au dehors dans sa *nature limitée*, c'est-à-dire dans *les êtres corporels*, dans le *monde phénoménal*], on ne pouvoit parvenir à nommer le Principe suprême : 未始有物。無得而名矣. L'être immatériel s'étant transformé et mis en mouvement, il sortit de l'état de *non-être*, et *il fut* : 神化變動。自無而有 ; et ainsi le nom fut appliqué à l'*Être*, ou à l'existence corporelle : 乃名於有矣. [C'est ainsi qu'il fut nommé dans son état *d'être*, ou d'existence corporelle phénoménale.]

Le principe du vide, du Non-Être, a précédé la naissance du ciel et de la terre : 虛無之理。先天地生. C'est pour cela qu'il est considéré comme le *commencement* ou *la cause primordiale du ciel et de la terre*. Mais dès l'instant où il devint l'être corporel : 及其有也 [du moment où il se manifesta dans son *mode d'être corporel*, dans sa *nature limitée* et *phénoménale*], alors tous les êtres corporels procédèrent de lui : 則萬物自此而生 ; c'est pour cela qu'il est considéré comme *la mère de tous les êtres*.

Quelques personnes doutent que le Principe ou la Raison suprême, 道 *Tao,* ait le nom d'*éternel Non-Être :* 常 無 名. Elles auroient dû considérer qu'outre ce mode d'exister, il est encore appelé du nom d'*Être :* 顧 又 謂 之 有 名 。 En quoi cela diffère-t-il de l'expression *qui peut être nommé :* 可 名 ? Cette dénomination d'*Être* ne veut pas dire que le Principe suprême ait véritablement des formes corporelles : 夫 有 名 者 。 非 眞 有 形 也. Seulement c'est par opposition à son état de *Non-Être* qu'il est ainsi désigné, et qu'il est qualifié du nom d'*Être,* qu'il est nommé dans l'être : 特 對 無 名 言 之 而 以 爲 有 名 耳 . Par conséquent, en l'appelant *la mère de tous les êtres,* on ne le désigne pas comme étant lui-même tous ces êtres.[1] ; car qui pourroit le comparer aux choses susceptibles d'être nommées, aux êtres corporels eux-mêmes ?

Le caractère 欲 *yo* [*vult*] doit s'entendre comme dans cette phrase : 性 之 欲 *seng tchi yo,* un désir né de sa propre nature ; ce terme a la même signification que 意 *i,* ce qui émane de l'esprit ou de la volonté ; les idées, les pensées, les intentions ; et que 情 *thsing,* les sentiments naturels, les passions.

Le caractère 徼 *kiao* [*limites*] est pris comme synonyme de 竅 *kiao* [*foramen, vacuum*] ; c'est la *cavité,* la matrice matérielle d'où sortent les êtres et dans laquelle ils rentrent : 徼 竅 通 。 物 所 出 入 孔 竅 也 。

L'*Entité* et la *Non-Entité,* ou l'*Être* et le *Non-Être*[2], dont il est

---

[1] Le commentateur veut établir qu'il ne faut pas croire, d'après les expressions du texte, que le Principe suprême soit réellement lui-même tous les êtres matériels qui sont les produits de sa substance. Il est leur cause efficiente, comme Principe suprême, mais il n'est pas lui-même le produit de ses propres œuvres. Ce seroit trop rabaisser la Cause première, que de l'identifier avec toutes les causes organiques ou inorganiques de la matière.

[2] D'après ce passage du commentateur chinois, qui s'accorde avec la glose citée, on voit qu'il prend les caractères 無 *wou* et 有 *yeou* de ce premier chapitre comme étant des *noms substantifs qualificatifs,* soit suivis du caractère 名 *ming,* soit précédés de

parlé précédemment dans le texte comme de deux modes d'être, ne sont que la substance et l'essence du Principe suprême : 上言有無二者乃道之本體也. C'est pourquoi les hommes doivent s'appliquer à régler toutes leurs actions sur ces natures : 故人當從事於此。 Celui qui parvient à les comprendre toutes deux peut regarder ses œuvres dans ce monde comme accomplies : 得此二者天下之能事畢矣。

Il est des moments où *l'éternel Non-Être éprouve le désir de contempler sa nature imperceptible aux sens, sa nature merveilleuse et divine, sa nature subtile :* 常無欲之時以觀察其微妙 ; car n'ayant aucune pensée terrestre, n'agissant pas à la manière des créatures mortelles, il retourne à son état désigné sous le nom de *Non-Être :* 蓋無思無為。復反無名, qui est par conséquent *la cause primordiale du ciel et de la terre.* Il est des moments où *l'éternel Être éprouve le désir de contempler sa nature limitée, sa nature corporelle phénoménale :* 常有欲之時以觀察其孔竅 ; car l'univers est dans sa main, tous les êtres procèdent de son propre corps, de sa propre substance : 蓋宇宙在乎手。萬物生乎身, qui est par conséquent *la mère de tous les êtres, ou de toutes les créatures périssables.*

Lao-tseu, dans cette occasion, ne dit pas seulement : 無欲。有欲 *wou yo, yeóu yo* [*Non-Ens vult, Ens vult*], mais il dit : 常無欲。常有欲 *tchang wou yo, tchang yeou yo* [*æternum Non-Ens vult, æternum Ens vult*], et il exprime ainsi toute la profondeur de sa sublime pensée : 乃其致意之深也 ; car *l'éternel, l'immuable et le périssable, le*

常 *tchang*, et non pas comme de simples particules *négatives* et *affirmatives.* Nous avons adopté cette interprétation, parce que l'expression du texte 此兩者 *thseu liang tché*, littéralement : *ces deux dont il vient d'être question,* désignent évidemment le 無 et le 有.

fuux, le passager, sont opposés l'un à l'autre : 蓋常與妄
相反. Si une chose est *éternelle, immuable*, alors elle n'est
point *changeante, périssable* : 常則不妄矣. Si elle est
périssable, changeante, alors elle n'est point *éternelle, immuable* :
妄則非常矣. Tantôt en mouvement, tantôt immobiles
ou en repos, les êtres se conforment au principe, à la raison du
ciel, c'est-à-dire à leur *élément éternel, immuable* : 一動一
靜。循天之理。乃其常也. Si nous nous
livrons une fois à nos affections privées, c'est alors que nous
trouvons dans nous un cœur *périssable, changeant, faux*, mais
rien que nous puissions véritablement appeler *éternel, immuable* :
若一涉於私意。是則有我之妄心。
而非眞常之謂矣. C'est pourquoi *ne pas agir*, et
obéir à son principe *éternel, immuable*, se conformer à sa loi, c'est
ainsi que les hommes parfaits accomplissent leurs destinées
célestes : 故無爲而順其常者。至人所
以全其天也. *Agir*, et ajouter par ses œuvres à ce que
nous avons de *changeant*, de *périssable*, c'est ainsi que les hommes
du commun suivent le torrent de la foule : 有爲而益
以妄者。眾人所以流於人也。

Le *Y-King* dit[1] : « Si le temps du repos est venu, alors repose-
» toi; si le temps d'agir est venu, alors agis » : 易曰。時
止則止時行則行. C'est aussi là le sens des pa-
roles de LAO-TSEU : 亦若老子之言是也。
Terminons l'explication du texte qui précède.

Le caractère 兩 *liang* [*duo*] désigne l'*Être* et le *Non-Être* : 兩
者謂有無也; l'un et l'autre procèdent du Principe su-
prême : 皆原於道. C'est pourquoi il est dit dans le texte
qu'ils *ont la même origine*; qu'ils sortent d'une source identique.
L'un est nommé l'*Être* ou l'*Entité*; l'autre est nommé le *Non-
Être* ou la *Non-Entité* : 曰有曰無; c'est pourquoi il est

[1] *Kiouen*, 2, *folio* 44.

dit *qu'ils sont nommés diversement.* — Le caractère 玄 *hiouan* [*profundum*] a ici le sens de ce qui est extrêmement profond et éloigné, et de ce qui ne peut pas être sondé. L'expression 玄之叉玄 *hiouan tchi yeou hiouan* [*profundum, adhuc profundum*] exprime avec énergie son *impénétrabilité.* Celle-ci : 眾妙之門 *tchoung miao tchi men* [*omnium essentiarum-mirabilium porta*] signifie que c'est le principe, la cause efficiente des esprits ou des intelligences subtiles du monde : 言天下神妙之理, lesquelles procèdent toutes de ses deux natures ou modes d'être : 皆出於斯二者也。

OBSERVATIONS.

La nécessité que nous nous sommes imposée de nous restreindre dans les limites d'un volume in-8°, et d'autres circonstances qu'il est inutile de rapporter ici, nous empêchent de donner à la suite du texte du Tao-te-King tous les commentaires que nous avions annoncés dans notre Prospectus, auquel nous renvoyons[1] pour ceux qui concernent ce premier chapitre. Cependant, comme ce chapitre est un des plus obscurs de l'ouvrage et un de ceux sur lesquels les commentateurs chinois ont été le plus partagés, nous ajouterons ici la traduction presque entière de l'explication de Ho-chang-Koung, avec la traduction du chapitre faite selon son interprétation. Comme elle est la plus ancienne connue, cette interprétation mérite d'être reproduite.

河上公章句

COMMENTAIRE DE HO - CHANG - KOUNG. [2]

Le Tao, ou la Raison suprême, est la limite du chaos et de l'origine primordiale non encore divisés. A l'époque où le *Yn* et le *Yang* [le principe mâle et le principe femelle] n'étoient point encore séparés, il n'y avoit ni ciel ni terre, pour former ensemble l'image ; ni soleil ni lune, pour former ensemble la lumière ; ni principe mâle ni principe

---

[1] Il se trouve joint à la traduction que nous avons publiée des *Essais* de Colebrooke sur la philosophie des Hindous.

[2] Ou du *prince habitant sur les bords du fleuve*, et dont, suivant Ma-touan-lin, le nom est ignoré. Il vivoit sous l'empereur Hiao-wen-ti des Han, de 179 à 156 avant notre ère. Ma-touan-lin ajoute que l'ancienne édition du commentaire de Ho-chang-Koung n'existoit plus de son temps.

femelle, pour produire ensemble le souffle vital ; ni opérations créatrices, pour former ensemble leur propre raison d'être :

道乃混元未剖之際。陰陽未分之時。無天地以合象。無日月以合明。無陰陽以合氣。無造化以合其道。

Quant à ce caractère 道 *tao*, dans l'expression 可道 *kho tao* [*posset narrari*], le principe de l'intelligence dans l'homme peut cher-cher à concevoir et à caractériser *sa nature spirituelle et merveilleuse*, mais la bouche de l'homme peut difficilement raisonner sur son essence subtile : 心可道其妙而口難道其微。

Il est dit[1] « que le *Tao* [comme règle du devoir moral] ne peut varier « de l'épaisseur d'un cheveu »; et que si on le considère existant devant soi, il existe également aussitôt après soi. Ici l'expression 可道 *kho tao* est prise dans l'acception : *qui peut être énoncé, déterminé, caractérisé...*

Comment la bouche de l'homme pourroit-elle *énoncer, exprimer le* TAO ou PRINCIPE SUPRÊME? On ne peut l'imaginer que par la pensée; autrement ce ne seroit point l'*éternel* et *immuable Tao*. C'est donc par l'intelligence, par le principe pensant, que l'on peut concevoir et expri-mer ce PRINCIPE SUPRÊME : 是心可道之道. On ne peut pas dire que ce 道 *Tao*, ou cette Raison suprême [de LAO-TSEU] soit le 道 *Tao*, ou la *règle de devoir* des cinq ordres de devoirs sociaux[2]; ni qu'elle soit la *règle de conduite* à observer pour gouverner le royaume et maintenir le peuple dans le repos et la tranquillité : 非日用五倫之道。非治國安民之道。

---

[1] Dans le *Tchoûng-yoûng*, chap. 1er.

[2] Ces cinq ordres de devoirs sociaux sont ceux qui existent : 1° entre le souverain et les sujets; 2° entre le père et le fils; 3° entre le mari et la femme; 4° entre les frères aînés et les frères cadets; 5° entre les amis.

Ce 道 *Tao* comme *règle de devoir et de conduite*, qu'est-il donc? C'est le *Tao*, ou la *règle* de ceux qui agissent, qui travaillent, qui accomplissent des œuvres et cherchent le Tao éternel ou le Principe suprême; qui parviennent à ce qu'il a de plus ample et de plus élevé, et épuisent ce qu'il a de plus subtil. C'est pourquoi il est dit que ce n'est pas *l'éternel et immuable Tao*, ou le Principe suprême : 故曰非 常道。

Quant au *nom*, quels sont les noms qu'on lui attribue? Ce sont les noms de : *sans mouvement; sans formes corporelles visibles; sans organes occultes ou ressorts cachés; sans transformation ou passage de l'être au néant; sans limites; sans vide ou négation d'existence; sans absence de tous attributs quelconques; non soumis à l'action réciproque d'un être en dehors de lui.* Voilà par conséquent des *noms*; mais avec tous ces noms, on ne sait pas quel est réellement son véritable nom : 名何謂是 名無動。無形。無機。無化。無極。無 虛。無空。無相。這就是名。名不知 其爲名。C'est pourquoi ces noms que l'on vient d'énumérer et qui peuvent être *nommés*, sont des noms inventés par l'intelligence de l'homme et exprimés par elle; il est difficile que la bouche de l'homme détermine avec précision ces mêmes noms : 故名也 可名是心名其名難日名其名。C'est ce qui est dit dans le texte : *Le nom qui peut être nommé n'est pas le nom éternel, immuable.*

Ces noms inventés par l'intelligence de l'homme : *sans formes corporelles visibles, non soumis à l'action réciproque d'un être en dehors de lui,* ne peuvent être que des idées relatives, et conçues seulement par la pensée, d'un être au-dessus de toute détermination précise, de toute définition possible à l'homme, d'un être existant dans le *vide*, dans le *vide* et l'*incorporel*, dans l'*incorporel* et le *vide*, dans le *vide ayant une existence réelle* : 是心之名非有形相之名 虛中虛空中空虛中有實空中有相 只可意。Si l'on se sert de noms qui ne puissent pas être articulés, ce ne sont en dernière analyse qu'une ombre, un vain écho qui se perd dans le lointain. On ne peut parvenir à *nommer* cet être, à plus forte raison ne peut-on pas déterminer avec certitude ses attributs réels !

不 得 此 名 而 況 有 實 具 者 乎. Seulement son existence a précédé celle du ciel, dans l'espace qu'occupe le ciel :

只 在 先 天 中. En cherchant à connoître cet être qui a précédé le ciel et la terre, on a par conséquent *raisonné sur ce qui peut être soumis au raisonnement, et nommé ce qui peut être nommé* :

求 先 天 這 就 是 可 道 之 道 可 名 之 名 了. Après avoir souvent ramené la pensée sur cet être qui existoit avant le ciel et dans l'espace qu'il occupe, c'est alors que l'on se trouvoit forcé de lui donner un *nom* et de le nommer *Tao, Raison ou Principe suprême* : 連 先 天 中 還 是 强 爲 道 爲 名 。

Le Non-Être se nomme le principe ou la cause efficiente et primordiale du ciel et de la terre; l'Être se nomme la mère de tous les Êtres. Le Non-Être est celui qui attendoit dans le repos [le moment de la création], et qui ensuite se mit en mouvement : 無 者 待 之 而 後 動 也 ; *l'Être* s'est lui-même mis en mouvement et s'est revêtu de formes corporelles visibles : 有 者 巳 動 而 將 形 也. Le *Principe ou la cause efficiente du ciel et de la terre,* c'est le mâle et la femelle ; l'être *androgyne* (en sanskrit *viradj*) d'où les créatures procèdent ; la *Mère de tous les êtres,* c'est le *Yn* et le *Yang,* qui agissent d'une manière occulte dans les êtres de la nature, et d'où le *Souffle vital* s'alimente. Le *Non-Être* a pour pair l'*Être* qui lui est assimilé ; la *Terre* est mise en opposition avec le *Ciel*; le *Principe primordial* avec la *Mère*, avec le *Souffle vital* l'Essence spirituelle réunie : 以 無 而 偶 有 猶 。 以 天 而 配 地 。以 母 而 配 始 猶 。以 炁 而 合 神. C'est ainsi que l'on sait que l'*Être* et le *Non-Être* ne font qu'un : 是 知 有 與 無 一 者 ; ils subsistent ensemble immobiles comme deux montagnes, et ils forment le trône du ciel et de la terre : 峙 而 天 地 位 焉 。

Le *Principe primordial* et la *Mère* sont deux êtres distincts : 始 與 母 二 者 ; ils sortent, et tous les êtres reçoivent l'existence : 出 而 萬 物 育 焉. L'intelligence de l'homme, ou sa faculté de

2

connoître, son principe pensant, appartient au *Non-Être*, à l'Élément spirituel; et tous les êtres animés par le feu primordial vivifiant, par l'élément éthéré, qui sont mobiles ou doués du mouvement, appartiennent à l'*Être*, à l'élément vital matériel : 人之靈明知覺即無也神也。絪緼活動即有也氣也. Il faut chercher à exercer, à développer le plus possible les lumières que l'intelligence humaine comporte, et ensuite on pourra voir des lieux non encore vus, inexplorés, et porter la lumière sur ce qui n'a pas encore été éclairé : 要具大方眼然後可以見不見之處照不照之所也。

L'éternel Non-Être éprouve le désir de contempler sa nature imperceptible aux sens, sa nature merveilleuse et divine; l'éternel Être éprouve le désir de contempler sa nature limitée, sa nature corporelle phénoménale[1]. Être fixé dans le sein du repos simple et parfait et aspirer à la transformation, est dit : *état permanent :* 一定之中而求變化日常 ; ne pas encore avoir été rendu visible antérieurement et prendre une manifestation, est exprimé par : *avoir des désirs :* 未見之前而將興發日欲 ; l'incorporel et le vide ou l'immatériel, la suprême sainteté, se disent : *nature merveilleuse et divine :* 冲虛至聖日妙 ; envelopper dans son sein l'origine primordiale, renfermer en soi l'intelligence, est exprimé par : *nature limitée, nature corporelle phénoménale :* 包元含靈日徹.

---

[1] Rien n'est si difficile, dans la traduction des ouvrages philosophiques, que de déterminer avec précision le sens véritable de certains termes fondamentaux. La difficulté est encore plus grande lorsqu'il s'agit d'une langue symbolique et figurative, comme la langue chinoise, et d'un philosophe comme LAO-TSEU. Sans le secours, souvent embarrassant toutefois, des commentateurs chinois, le *Tao-te-King* seroit inexplicable, ou plutôt il prêteroit à toutes les explications possibles. Les Dictionnaires chinois les plus complets et les plus estimés ne fournissent presque aucun secours pour son interprétation, ou s'ils citent quelquefois le *Tao-te-King*, en énumérant les diverses significations d'un caractère, c'est presque toujours sans explication. Tous ceux que nous avons pu consulter restent muets sur le sens qu'il faut donner aux termes les plus difficiles à préciser dans ce premier chapitre. Cependant le Dictionnaire 正字通 *Tching-tseu-thoung*, qui se distingue par une érudition peu commune, jette un grand jour sur le sens du caractère 玄 *hiouan* (des 8 et 9ᵉ vers), lorsqu'il dit dans l'article

CHAPITRE I.

Contempler sa nature subtile, sa nature merveilleuse et divine dans le sein du repos parfait, et aspirer à la transformation ; attendre cette transformation et ensuite passer à l'état de mouvement ; être passé à l'état de mouvement dans ce qui n'avoit pas encore été rendu visible antérieurement, et prendre une manifestation, une forme visible : c'est par conséquent *contempler* son état d'incorporéité, d'immatérialité, de souveraine sainteté ; voir ce qu'il y a de plus subtil, de plus merveilleux dans sa science et sa sagesse divines. *Contempler sa nature limitée, sa nature corporelle phénoménale* dans le sein de l'unité, et aspirer à la transformation ; passer à l'état de mouvement et revêtir une forme corporelle ; avoir revêtu une forme corporelle dans ce qui n'avoit pas encore été rendu visible antérieurement, et prendre une manifestation, une forme visible : c'est par conséquent *contempler* ce qui enveloppe l'origine primordiale, ce qui renferme en soi l'intelligence ; voir la grandeur et l'immensité de ses œuvres et de ses modes d'être :

觀妙於定中而求變
化。待之而後動。動於
未見之前而將興發。
此卽觀其冲虛至聖。
見其智慧之精微也。
觀徹於一中而求變
化。巳動而將形。形於
未見之前而將興發。
此卽觀其包元含靈
見其功用之遠大也。

ou ce caractère symbolique est expliqué : « Ce caractère, dans l'écriture antique, étoit » tracé avec une *forme ronde*, dans laquelle on ajoutoit *un point*; l'essence spirituelle, que » l'on ne peut déterminer par aucune figure ou image, étoit représentée par le symbole » [symbole]. » Voy. les Notes à la fin du volume.

Ces deux [natures ou modes d'être] ont la même origine, et se nomment cependant diversement : ensemble on les appelle l'indistinct, l'inscrutable et le profond comme l'azur du ciel. Ces deux [natures ou modes d'être] sont le *Tao* ou le *Principe suprême* et le *Nom;* le *Non-Être* et l'*Être;* le *Principe primordial* et la *Mère*, la *Nature merveilleuse et divine* et la *Nature corporelle phénoménale;* toutes ces dualités sont réunies dans une seule dualité, et il faut placer au premier rang le *Non-Être* et l'*Être*. Le *Non-Être* et l'*Être* procèdent ensemble de l'unité, mais ils reçoivent un *nom* [différent] lorsqu'ils se divisent. Ce qui est *bleu ou indistinct et profond comme l'azur du ciel* ne peut être vu, ne peut être entendu, ne peut être discuté. Cet *indistinct et profond au dernier degré, comme l'azur du ciel*, avec sa dualité ou ses *deux modes d'être*, le *Non-Être* et l'*Être*, ne peut à plus forte raison être vu, entendu, ne peut être nommé ou discuté; par conséquent c'est le *Tao* ou Principe suprême :

此兩者同出而異名。同
謂之玄。兩者道與名也。妙
無與有也始與母也當
與徼也。皆與兩者而同
以無與有爲先。有無同玄
出於一而名乃分矣。玄
者不可見不可聞其不可
說玄之又玄者以其無
與有兩者愈不可見聞
愈不可名說卽此道也。

L'expression *porte de toutes les natures merveilleuses et divines*, indique ce *profond et indistinct comme l'azur du ciel*, c'est-à-dire ce d'où tous les êtres, l'incorporel, le vide, la suprême sainteté procèdent, et dans lequel ils rentrent : 衆妙之門。言其玄。乃萬物冲虛至聖。出入之所也。

Il existoit des êtres avant que le ciel et la terre fussent vus ici-bas par l'œil des hommes; extrêmement divisés (divisés en atòmes extrê- mement ténus), c'étoient des molécules substantielles et existantes par elles-mêmes du lumineux Principe suprême. Les attributs du Principe suprême sont le vide ou l'incorporéité, la non-existence (relativement à la manière d'exister, pour nous, des êtres corporels). L'incorporéité, la non-existence ont précédé le ciel et la terre :

地 者 也 用 也 體 明 下 天 有
坤 先 虛 虛 道 自 道 甚 地 物
天 無 無 之 然 之 分 眼 先

THSAN-THOUNG a dit : « Porter en soi la pensée de retourner à l'incor- » poréité, à l'immatérialité, au non-être, c'est avoir la perception de la » vérité. » Il dit encore : Le TAO ou Principe suprême, du vide ou du Non-Être produisit un élément vital éthéré; cet élément vital éthéré opéra des actes de création, et l'*Être* avec ses manifestations fut. L'Être existant par lui-même subsistoit avant tout; ensuite le Ciel et la Terre furent. Il donna aux hommes un père et une mère, un principe mâle et un principe femelle, et deux éléments de vie furent produits, et l'im- mense chaos confus de la masse élémentaire qui n'avoit pas encore été divisé, discerné, fut arraché à l'Unité primordiale et au Non-Être qu'il embrassoit étroitement. C'est-à-dire que le Non-Être qui étoit dans l'état d'inaction est devenu le Non-Être passé à l'état d'action :

以 此 未 而 父 後 以 此 自 虛 參
爲 乃 判 生 母 天 爲 乃 虛 無 同
也 無 抱 而 陰 地 也 爲 無 悟 云
　 爲 一 長 陽 也 自 之 生 眞 委
　 而 無 渾 二 人 然 而 一 云 志
　 無 雛 淪 烝 稟 者 有 烝 道 歸

TRADUCTION DU PREMIER CHAPITRE DU TAO-TE-KING,

Selon l'interprétation de Ho-chang-Koung.

« Si la Raison ou le Principe suprême[1] pouvoit être exprimé par des paroles, ce ne seroit point le Principe éternel immuable[2]. Si le Nom[3] pouvoit être nommé, ce ne seroit pas le Nom éternel et immuable[4]. Le Non-Être[5] ou la Négation absolue de toute existence matérielle, se nomme la cause efficiente et primordiale du ciel et de la terre ; l'Être[6] se nomme la mère de toutes choses.

(Le reste comme dans la traduction précédente, page 7.)

GLOSES DU MÊME COMMENTATEUR CHINOIS.

[1] 元始一炁。虛無自然; l'origine, le commencement, l'unité primordiale, l'élément vital éthéré, le vide incorporel, le non-être, l'existant par lui-même.

[2] 道本無言。擬議便非; le *Tao* ou Principe suprême est inénarrable par son essence ; quand après de mûres délibérations on a décidé de lui donner tel nom, on s'aperçoit aussitôt que l'on est tombé dans l'erreur et que tous ses efforts ont été vains.

[3] 長養萬物。不可知識; nourrissant et alimentant tous les êtres, il ne peut être ni connu ni compris.

[4] 愈探愈深。愈執愈失; plus on l'explore, plus on cherche à le connoître, plus on le trouve profond, indécouvrable ; plus on croit le tenir, plus on le perd, plus il échappe.

[5] Océan profond et immense, difficile à nommer, que les hommes ne peuvent parvenir à caractériser dignement.

[6] 太極分眞。强名曰道; le grand faîte divisé dans ses perfections ; forcé de lui donner un nom, on le nomme *Tao*, Raison ou Principe suprême.

OBSERVATIONS.

Nous ne pouvons rapporter ici les différentes manières de lire et d'interpréter le premier chapitre du *Tao-te-King* des autres commentateurs chinois, tels que Sou-tseu-yeou, Liu-kie-fou, Li-si-tchaï[1]. Kouan-yun-tseu, ancien philosophe de l'école de Lao-tseu, commence son livre sur le 道 *Tao*, à peu près comme son maître, en disant : « N'existant
» pas à la manière des êtres matériels, le *Tao* ou le *Principe suprême* ne
» peut être exprimé par des paroles ; ne pouvant pas être exprimé par
» des paroles, il est par conséquent le *Tao* ou le *Principe suprême*.
» N'existant pas à la manière des êtres matériels, le *Tao* ou le *Principe*
» *suprême* ne peut pas être conçu par la pensée ; ne pouvant pas être
» conçu par la pensée, il est par conséquent le *Tao* ou le *Principe suprême* :
非有道不可言。不可言即道。非有道不可思。不可思即道. (Recueil des anciens philosophes intitulé : 諸子 *Tchou-tseu*, *kiouan* 21, *folio* 29.)

Le commentateur chinois de ce dernier philosophe fait remarquer que Kouan-yun-tseu a remplacé, dans ses phrases identiques à celles de Lao-tseu, le caractère 道 *tao* (dans 可道) par 言 *yan*, *parler, expliquer ;* par conséquent, dit-il, dans cette locution, 言 *yan* et 道 *tao* sont synonymes.

Le commentateur du *Recueil des anciens philosophes,* dont nous avons donné la *Glose,* dit que ce premier chapitre est le chapitre capital de tout l'ouvrage, que l'idée principale qui y est exprimée, c'est que l'essence du Principe suprême est inénarrable. Expliquant ce que l'on doit entendre par la *cause efficiente et primordiale du ciel et de la terre :* 天地之始 *thian thi tchi chi,* il dit que « c'est le grand faîte à
» l'époque où il n'était pas encore divisé ; c'est dans ce sens que le *Tao*
» ou Principe suprême a produit le ciel et la terre : 乃太極未分之時。是道生天地意也. Ainsi le Prin-
» cipe suprême est la réalité absolue et relative ; l'*Être* dans son dévelop-
» pement matériel, c'est le Principe suprême ; alors les nombres infinis

---

[1] On peut voir la traduction que nous avons donnée de leurs commentaires sur ce premier chapitre du *Tao-te-King,* dans le *Spécimen* déjà cité.

» de transformations, ou de passages du néant ou *Non-Être* à l'*Être*,
» et de l'*Être* au *Non-Être*, procèdent tous de ce Principe : 然道
» 實有是道則千變萬化由此出。
» Comment ne seroit-il pas la *Mère de tous les êtres ?*

   » Cette dualité de l'*Être* et du *Non-Être*, dit-il encore, quoique chacun
» des deux membres qui la composent ait son nom propre, cependant
» le *Non-Être* n'est que le *Non-Être* dans le sein de l'*Être;* l'*Être* n'est
» que l'*Être* dans le sein du *Non-Être :* 此有與無兩者。
雖各其名。然無乃有中之無。有
乃無中之有。

Ce commentateur paroît identifier complettement les deux natures ou
modes d'être du Principe suprême.

L'intelligence parfaite de ce premier chapitre du *Tao-te-King* est très-
importante à obtenir pour comprendre la doctrine que Lao-tseu a voulu
établir, car « ce chapitre, comme le dit très-bien un interprète, est
» l'origine, la source par où il faut commencer pour se livrer à l'étude
» du grand Principe primordial, de l'indistinct, ou de l'Être profond
» comme l'azur du ciel ; le sens complet du premier et du second livre
» se trouve renfermé dans ce chapitre : 此大道玄學之
宗原上下兩篇大旨括於此. Il faudroit le
soumettre à une analyse approfondie pour découvrir les éléments distincts
qui y dominent, et pour reconnoître s'ils appartiennent en propre à
Lao-tseu, ou si ce sont des éléments pythagoriciens et platoniques, comme
l'a pensé M. Abel-Rémusat[1], ou, enfin, s'ils ne sont pas plutôt des éléments indiens, comme nous l'avons déjà exposé ailleurs[2]. Nous atten-
drons, pour traiter de nouveau cette importante question, que le
livre entier de l'ancien philosophe chinois soit passé dans le domaine
de la critique européenne, et qu'il puisse servir de base certaine à la
discussion.

---

[1] Mémoire sur la vie et les opinions de Lao-tseu, dans les Mémoires de l'Académie
des Inscriptions et Belles Lettres. Tome VII.

[2] Mémoire sur l'origine et la propagation de la doctrine du *Tao*, fondée en Chine par
Lao-tseu. Paris, 1831. 8°.

ARGUMENT

DU DEUXIÈME CHAPITRE.

Il est assez difficile, au premier abord, d'apercevoir l'idée logique qui lie ce chapitre au précédent. Toutefois, si l'on pénètre un peu avant dans la pensée de Lao-Tseu, on reconnoîtra bientôt que ce défaut de liaison est moins réel qu'apparent. Le philosophe, après avoir caractérisé, dans le premier chapitre, les deux natures du principe suprême se manifestant sous des modes différents et opposés qui leur sont propres, semble avoir été fortement frappé de cette double tendance de notre être, qui accuse aussi deux natures, se manifestant également sous des modes différents et opposés, et qui nous porte à reconnoître le *bien* et à pratiquer le *mal*, à apprécier la *vertu* et à rester *vicieux*. Il en conclut, par des exemples et des comparaisons tirés des contraires, qu'il y a aussi en nous deux natures contraires, deux tendances diverses et opposées. Le saint homme, ou celui qui aspire à la perfection, doit suivre exclusivement la tendance de la nature spirituelle : par conséquent il doit fuir les agitations, le tumulte de la vie active du monde ; ce ne sont pas seulement ses paroles, mais ses *œuvres méritoires*, qui doivent instruire et convertir les autres hommes par l'exemple, dont l'empire est le plus puissant sur eux. Dévoué au salut, au bien-être du genre humain, il ne repousse aucune des créatures qui viennent à lui ; il leur donne la vie spirituelle, la vie morale, et il ne s'approprie pas leurs mérites. Il fait le bien et il ne s'en prévaut pas, il n'en tire pas vanité ; il fait le bien pour le bien, avec humilité et dévouement, et c'est par cela même qu'il est vertueux. C'est le principe chrétien dans toute sa perfection.

Il est aussi difficile d'apercevoir un rapport de conséquence entre la première partie de ce chapitre et la seconde. On ne voit pas bien non plus comment les six axiomes des contraires qui existent simultanément, déterminent la conclusion qui en est tirée plutôt que toute autre, à moins que le philosophe n'ait voulu dire que la corrélation nécessaire qui existe entre ces contraires, étant admise par le saint homme, il ne doit pas employer l'*action* ou le *prosélytisme actif* qu'employoit un autre grand philosophe contemporain, Khoung-tseu, pour convertir les hommes au *bien,* mais qu'il suffit de l'*exemple.* Partant du principe que l'Être éternel est immuable, qu'il est absolument, essentiellement dénué d'*action*, toute *action* étant contraire à l'*immuabilité,* un de ses principaux attributs, il en conclut que plus l'homme désire approcher de la perfection divine, plus il doit chercher à se revêtir de ses attributs, et par conséquent plus il doit s'efforcer d'atteindre à l'*immuabilité* par l'*inaction.*

養身

天下皆知美之爲美。斯惡矣。天下皆知善之爲善。斯不善矣。故有無相生。難易相成。長短相形。高下相傾。音聲相和。前後相隨。是以聖人處無爲之事。行不言之教。萬物作而不辭。生而不有。爲而不特。功成而不居。夫惟不居。是以不去。

EXCOLERE CORPUS.

1. Cœlum infra omnes sciunt pulchrum [*vel* bonum]; hoc habent pro bono; [attamen] hi vitiosi °. Cœlum infra omnes sciunt virtutem; hanc habent pro virtute; [attamen] hi non boni °.

   Quare Ens, Non-Ens simul producuntur; Difficile, facile, simul perficiuntur;

5. Longum, breve simul formantur; Altum, humile simul acclinantur; Sonus, vox mutuo consonant; Antea, postea invicem sequuntur.

   Ideo sanctus vir stat non actionis ° negotio.

   Opera, non verba ejus docent. Omnia entia exsurgunt et non recusat. Producit et non possidet.

10. Facit et non innititur. Merita perficiuntur et non moratur.

   Hoc solum non morari. Ideo non abeunt.

VARIANTES.

4e *Ligne.* L'ancienne édition ou inscription sur pierre n'a pas le caractère 故 *kou;* et anciennement les six axiômes qui suivent avoient un 之 *tchi* avant 相 *siang.*

8 et 9e *Lignes.* L'ancienne édition sur pierre portoit 作而不爲始 *tso eulh pou weï chi.*

10e *Ligne.* Anciennement il y avoit : 功成不處。

II.

DE L'AMÉLIORATION DE SOI-MÊME.

Ici-bas chacun connoît le bien, apprécie le bien; et cependant les hommes sont méchants. Ici-bas chacun connoît la vertu, apprécie la vertu; et cependant les hommes sont vicieux.

La raison en est dans les contraires.

L'Être et le Non-Être sont produits simultanément; le difficile et le facile s'accomplissent en même temps; le long et le court se forment en même temps; le haut et le bas se constituent mutuellement; les sons et les intonations de la voix s'accordent mutuellement. C'est pourquoi le saint homme place la non-action ou l'inaction philosophique au premier rang de ses devoirs; ses œuvres, et non ses paroles, instruisent. Toutes les créatures qui apparoissent dans le monde [1] ont un droit égal à son amour; il ne refuse, il ne repousse aucune d'elles; il leur donne la vie spirituelle, la vie morale, et il ne s'approprie pas leurs mérites; il les fait ce qu'elles sont, et il ne s'en prévaut pas. Ses œuvres méritoires étant accomplies, il ne s'y attache point pour en tirer vanité; il ne s'y attache point, il ne se complaît pas dans leur étalage: c'est pour cela même qu'elles n'en sont que plus manifestes et qu'elles ne disparoissent pas.

[1] Le *Y-King* dit : 聖人作萬物覩 : Quand le saint apparoît dans le monde, l'univers le contemple avec amour.

COMMENTAIRE CHOISI DE SIE-HOÉL.

Le caractère 善 *chen* [*virtutem*] désigne le plus haut degré du bien : 善者美之極也。

Dans les siècles de la plus haute antiquité, les hommes se conformoient aux principes moraux de la droiture naturelle, et ils ne savoient pas qu'ils pratiquoient la justice. Ils s'aimoient mutuellement, et ils ne savoient pas qu'ils pratiquoient l'humanité. Ils étoient vrais, sincères, et ils ne savoient pas qu'ils pratiquoient la sincérité, la droiture. Ils faisoient ce qui étoit de leur devoir de faire, et ils ne savoient pas qu'ils pratiquoient la fidélité à leurs devoirs [1]. La raison n'en est pas autre que celle-ci : Tous les hommes étoient également livrés au *bien* et à la *vertu;* c'est pourquoi ils ne savoient pas que les hommes *bons*, *vertueux*, fussent différents. Dans les siècles postérieurs, dès l'instant qu'il y eut des méchants, on commença à *reconnoître que le bien étoit véritablement le bien;* dès l'instant qu'il y eut des hommes *non vertueux* ou *vicieux*, on commença à *reconnoître que la vertu étoit véritablement la vertu* [la distinction entre le *bien* et le *mal*, la *vertu* et le *vice*, commença]. A mesure que les siècles se corrompirent, le *bien* et la *vertu* se rendirent de plus en plus manifestes à tous les yeux ; car les *méchants* et les *hommes vicieux* devinrent très-nombreux, et les hommes *bons*, *vertueux*, devinrent très-rares :

[1] Il est dit dans le commentaire de Ho-chang-Koung : Le texte signifie qu'à l'origine du grand Principe suprême, 大道 *ta Tao*, il n'existoit ni bien ni mal ; d'où vient donc qu'il existe maintenant du bien et du mal? Dès l'instant où le chaos a été développé, le bien et le mal ont commencé à avoir une existence distincte. Tout le monde sait cela. Le lettré, qui embrasse et cultive le *Tao*, ne cherche pas à trouver ailleurs les devoirs essentiels de l'homme ; il sait distinguer et reconnoître parfaitement ces principes, par lesquels le bien est en tous temps et en tous lieux le bien, et ceux qui pratiquent le bien, en tous temps et en tous lieux des hommes de bien, etc.

善至衆而美善至寰
美善益著蓋惡與不
善之爲善及世益衰
爲美由有不善始知
由有惡者始知美之
美善之爲異也後世
皆同乎美善故不知
知以為信此無他民
不知以為忠當而不
而不知以為仁實而
而不知以為義相愛
上古之世民皆端正

LAO-TSEU explique, par des comparaisons métaphoriques, comment le *bien*, le *mal*, la *vertu*, le *vice* [qui ne sont distingués que par l'existence de leurs contraires], se forment en même temps, et ont des rapports mutuels de contiguïté, sans être placés au même niveau. Il veut dire par là que le saint homme convertit le monde avec le *Tao* ou Principe suprême; qu'en fait d'*action*, il fait de l'*inaction philosophique*, ou de la *non-action*, sa *propre action*; qu'en fait d'*enseignement*, il fait du *silence* et de l'abstention de toute prédication quelconque, de tout enseignement verbal, son propre *enseignement*; car le saint cultive soigneusement ce qu'il y a d'essentiel en lui, et il ne se *repose* point sur ce qui n'est que contingent, qu'accessoire [1]. L'univers se convertit à son exemple; l'*homme vicieux* se trouve changé dans ses habitudes, et les mœurs de l'homme complettement *vertueux* deviennent parfaites :

[1] Cette proposition est tirée du 大學 *Ta hio*. Voy. l'édition que nous en avons donnée, page 24. Il y est dit :

« Traiter légèrement ce qui est le principal ou le plus important (*l'essentiel*), et gravement ce qui n'est que secondaire (*contingent* ou *accessoire*), est une méthode d'agir qu'il ne faut jamais suivre. »

喻美惡善不善相形而有傾不平也此言聖人以道化天下也事以無爲爲事敎以不言爲敎蓋修其本而不恃其末天下化之不善之習變而上善之俗成矣。

Voyons maintenant la suite du texte. Par la même raison qu'il est dit que les *bonnes œuvres* du *saint homme sont accomplies,* ses soins, son occupation, son but est de ne point s'y *attacher,* de ne point *s'appesantir* sur elles [pour en tirer vanité] : 因言聖人功成不居之事。

Le caractère 作 *tso* [*exsurgunt*] signifie : venir d'un lieu dans un autre, passer à l'état d'existence, naître : 由生也。

Tous les êtres, toutes les créatures mortelles naissent pleines d'espoir dans le *saint homme;* le saint homme peut les réunir, les contenir toutes [dans ses sentiments de bienveillance universelle]; il ne *repousse,* il ne rejette aucune d'elles; il peut leur donner la vie [la vie morale, la vie à venir], sans qu'il pense jamais à se les approprier comme son bien propre; il peut les faire ce qu'elles sont, sans jamais compter sur elles pour en faire son profit :

萬物仰聖人而生聖人能共給之不辭拒也能生之未嘗私之爲己物能爲之未嘗賴之爲己利。

Quant à ses *œuvres méritoires,* une fois qu'elles sont *accomplies,* il les regarde jusqu'à la fin de ses jours comme ne lui donnant aucune supériorité sur les autres hommes, et il ne s'en prévaut jamais, il ne se repose jamais sur elles pour en tirer vanité :

處 嘗 而 於 無 終 成 功 至
也 自 未 已 與 若 矣 旣 於

Lao-tseu, dans son livre, loue, exalte le *Principe suprême*, *la vertu*, le *Ciel* et la *Terre*. À chaque instant, dans le cours de son ouvrage, il emploie ces expressions; car son Principe suprême est tout pour lui : 往 往 通 用 此 語。蓋 其 道 一 而 巳 矣。

De ce que le saint homme ne *s'appesantit pas sur ses œuvres méritoires*, ne *s'y attache point* [pour en tirer vanité, pour s'en enorgueillir], c'est pour cela qu'il a des *mérites ;* s'il *s'appesantissoit sur ses mérites,* s'il *s'y attachoit,* pour en tirer vanité, au contraire il perdroit [le fruit de] ses propres *mérites :* 以 不 居 其 功。故 有 功。居 之 則 反 喪 其 功 矣。

OBSERVATIONS.

Le chapitre qui précède pourroit donner lieu à beaucoup d'observations. Nous nous bornerons ici à en présenter quelques-unes sur l'expression la plus difficile peut-être à préciser de l'ouvrage de Lao-tseu; l'expression 無 爲 *wou wei.* Tous les commentateurs chinois que nous avons pu consulter ne l'expliquent que très-vaguement. Liu-kie-fou s'exprime ainsi :

« On voit par les six [exemples de contraires] que, si dans son temps
» on suit les mouvements de ses penchants naturels, ou les lois de sa
» propre nature, le monde appelle cela *bien*, le monde appelle cela
» *vertu;* si dans son temps on ne suit pas les lois de sa propre nature,
» le monde appelle cela *mal*, le monde appelle cela *vice.* Comment donc
» reconnoître ce que l'on nomme *suprême bien*, *suprême vertu?* Il résulte

» de là que le *bien* et le *mal*, la *vertu* et le *vice* se prennent aussi l'un
» pour l'autre. On marche donc au hasard sans principes ou règles fixes
» de conduite, et voilà tout[1]. Est-ce qu'il en est toujours ainsi? Assuré-
» ment. C'est pourquoi le saint homme, connoissant cette nature des
» choses, place *ses devoirs actifs* dans la conformité de sa conduite
» avec l'*éternel Tao* [*voy. le 1er chap.*], et ses *devoirs actifs* procèdent
» de la *non-action;* il conforme ses *œuvres d'enseignement* au *Nom éternel*
» [qui ne peut être articulé], et ses *enseignements* procèdent du *non-*
» *emploi* de la *parole.* Ses *devoirs actifs* procèdent de la *non-action :* alors,
» par cela même, tout le jour il agit, et cependant il n'a pas *agi;* ses
» *enseignements* procèdent du *non-emploi de la parole :* alors, par cela
» même, tout le jour il *parle,* et cependant il n'a pas *parlé.* Comment
» donc pouvons-nous saisir les signes caractéristiques du *bien* et du *mal;*
» de la *vertu* et du *vice:* »

凡此六者。當其時。適其情。天下謂之美。謂之善。不當其時。不適其情。天下謂之惡。謂之不善。夫豈知所謂至美至善哉。則美與惡。善與不善。亦迭相爲。往來與廢而已。豈常也哉。是故聖人知其如此也。以常道處事。而事出于無爲。以常名行教。而教出于不言。事出於無爲。則終日爲而未嘗爲。教出於不言。則終日言而未嘗言。則美與惡。善與不善。吾何容心哉。

[1] *Littéralement :* « On est allant et venant, s'élevant et tombant et voilà tout. »

Il semble résulter de cette explication, que le saint homme qui a médité profondément sur les principes et la nature des actions humaines ne trouve en lui aucun moyen de discerner le *bien* du *mal*, la *vertu* du *vice*; et que par conséquent il doit s'abstenir de *toute action*; imitant en cela le Principe suprême, qui n'*agit* pas matériellement et qui cependant opère des changements dans le monde. Toutefois c'est par ses *actions* plutôt que par ses *paroles* qu'il instruit les hommes de leurs devoirs. C'est donc une manière particulière d'*agir*, autre que celle du commun des hommes, qui est prescrite.

Un autre commentateur, Si-tchaï, explique ainsi ce dogme de la *non-action* enseigné par Lao-tseu :

« [Le saint homme] ne prend ou n'accepte point la *vertu*, ne rejette
» point le *vice*; il ne se sent pas plus porté à prendre parti pour l'une,
» qu'il ne se sent porté à prendre parti pour l'autre; pendant tout le
» jour il *agit*, sans qu'il ait cependant *agi*; pendant tout le jour il *parle*,
» sans qu'il ait cependant parlé :

嘗　日　嘗　日　不。一　未　不　不
言。言　爲。爲　一　未　嘗　捨　取
　　未　終　未　終　嘗　執　惡　善

Cette doctrine de l'indifférence pour les actions vertueuses ou vicieuses a été aussi enseignée dans l'Inde. On lit dans le célèbre *Chant divin* [*Bhagavad-gítá*], *Lecture* 6, *sloka* 9 :

« Le *Yogi*, saint ou ascète, a la même équanimité envers les amis
» qu'envers les indifférents et les ennemis, envers les vertueux qu'envers
» les vicieux, lorsqu'il vit au milieu d'eux[1]. »

Il est dit aussi dans le même livre [*Lecture* 2] :

« L'*action* est de beaucoup inférieure à la science spéculative ou à la
» contemplation[2].

» Quand ta raison aura dissipé les ténèbres de l'erreur et de l'aveu-

[1] Suhrinmitráryudâsínamadhyastha dvéchyabandhuchu |
Sâdhuchvapi tcha pâpêchu samabhuddhir vis'ichyaté ‖ 9 ‖

[2] Dûrên'a hy avaram karmabouddhiyôgât. (*Lect.* 2, *sl.* 49.)

» glement qui le couvrent, alors tu parviendras à l'indifférence com-
» plette de toutes les discussions religieuses que tu pourras entendre.

» Quand ton âme, maintenant agitée et troublée par les disputes théo-
» logiques, se sera fixée immuable et ferme dans la *contemplation*, alors
» tu obtiendras la vraie science contemplative[1].

» Celui qui a réprimé tous les désirs qui troublent l'âme et qui est
» content des jouissances seules de l'esprit, est regardé comme fixé dans
» la sagesse, ô fils de Pritha[2] !

» Celui-là est accompli dans la sagesse, qui ne forme point de liens
» dans la vie, et qui, éprouvant le bonheur ou l'adversité, ne se réjouit
» pas de l'un, ne s'irrite pas de l'autre.

» Celui qui, semblable à la tortue qui retire ses membres en elle-
» même, retire ses sens des objets extérieurs, possède la vraie sagesse[3]. »

C'est surtout dans la quatrième Lecture du même livre, sur l'*Union
avec la science mystique : Djâna-Yôga*, ou le *Renoncement aux œuvres*,
que l'on trouve des préceptes complettement identiques avec celui du
philosophe chinois :

« Qu'est-ce que l'*œuvre*, qu'est-ce que le contraire de l'œuvre ? de-
» mande-t-on. Les poètes inspirés eux-mêmes sont très-embarrassés pour
» répondre.

» Elle peut être définie *action, action impropre*. Le sentier de l'*action*
» est plein d'obscurité.

» Celui qui peut voir l'*inaction* dans l'*action*, et l'*action* dans l'*inaction*,
» celui-là est sage entre les hommes et apte à accomplir toute œuvre
» quelconque[4].

[1] Yadâ tê môha kalilam buddhir vyatitarichyati |
Tadâ gantâsi nirvêdam s'rôtavyasya s'rutasya tcha || 51 ||
S'rutivipratipannâ tê yadâ stâsyati nis'tchalâ |
Samâdhhâvatchalâbuddhis tadâ yôgam avâpsyasi || 53 ||

[2] Pradjahâti yadâ kâmân sarvân, Pârtha, manôgatân |
Atmanyêvâtmanâ tuchthâh sthitapradjnas tadôtchyatê || 55 ||

Yah sarvatrân abhisnêhas tat tat prâpya s'ubhâs'ubham |
Nâbhinandati na dvêchti tasya pradjnâ pratichtitâ || 57 ||
Yadâ sanharatê tchâyam kûrmâo ' ngân îva sarvas'âh |
Indriyânîndriyârthébyas tasya pradjnâ pratichtitâ || 58 ||

[4] Kim karma kim akarmaiti ; kavayô ' py atra môhitâh |
Tat tê karma pravaxyâmi yadjdjnâtvâ môxyasé ' s'ubhât || 16 ||

» Sache que le culte de la science est infiniment au-dessus du culte
» des *œuvres religieuses* : toutes les *œuvres* se trouvent sans exception
» dans la science [1]. »

La pratique des œuvres ou l'*action* est cependant aussi recommandée
dans le même livre, mais avec cette restriction que l'on ne doit pas avoir
en vue le fruit de ses œuvres.

Sl. 4. « En n'accomplissant point d'œuvres l'homme n'obtient pas
l'exemption des œuvres ; et en renonçant complettement aux œuvres
on n'obtient pas non plus la perfection ;

5. » Car personne n'est exempt un seul instant des œuvres ; en effet
chacun malgré soi opère toute œuvre, poussé qu'il y est par ses facultés
ou dispositions naturelles.

6. » Celui qui contraint ses sens et les empêche d'agir, celui-là, obscur-
cissant son esprit et se rendant insensé, est nommé un hypocrite de
sainteté. »

8. « Il faut *agir*, accomplir les œuvres prescrites, parce que l'*œuvre*
ou l'*action* est préférable à l'*inaction*, et parce que sans œuvres ou sans
travail on ne saurait nourrir le corps.

9. » Il faut *agir*, parce que le monde a été créé pour autre chose que
pour les pratiques religieuses [2]. » (*Lect.* 3, *slok.* 4, 5, 6. 8, 9.)

Djanaka et d'autres saints sont parvenus à la perfection par les
œuvres. Il faut *agir*, à cause de l'exemple que l'on donne aux hommes ;

Karman'ô hy api bôddhavyam bôddhavyam tcha vikarman'ah |
Akarman'as'tcha bôddhavyam gahanâ karman'ô gatih || 17 ||
Karman'yakarma yah pas'yêd akarman'i tcha karma yah |
Sa buddhimân manuchyêchu sa yuktah kritsna karmakrit || 18 ||

[1] S'rêyân dravyamayâdyadjnadj djnânayadjnah paramtapa |
Sarvam karmâkhilam, Pàrtha, djnânê parisamâpyatê || 33 ||

[2] Na karman'âm anârambhân naîchkarmyam purucho ' snutê ; |
Na tcha sannyasanâdèvasiddhim samadhi gatchtchati || 4 ||
Na hi kastchit xan'am api djâtu ticht'aty akarmakrit ; |
Kâryatê hy avas'ah karma sarvah prakritidjairgunaih || 5 ||
Karmaindryân'i sanyamya ya âstê manasâ smaran ; |
Indryârthân vimûdbâtmâ mithyâtch ârah sa utchyatê || 6 ||
Niyatam kuru karma tvam karma djyâyô hy akarman'ah ; |
S'arîrayâtrâpi tcha tê na prasiddhyêd akarmanah || 8 ||
Yadjnârthât karman'o ' nyatra lôkô ' yam karmabandhanah ; |
Tadartham karma, Kauntêya, muktasangah samâtchara || 9 ||

il faut agir, parce que Dieu lui-même [*Krichna*] ne cesse d'agir pour donner l'exemple, et que s'il n'agissoit pas tous les hommes l'imiteroient et n'agiroient pas. Il faut *agir*, mais librement, sans autres motifs que le devoir, sans autre but que Dieu. [*Même Lecture, passim.*]

« C'est là le véritable *yôga* ou perfectionnement de soi-même, tel que je l'ai enseigné à l'ancien sage VIVASVAN, et celui-ci à MANOU, et MANOU à IXVAKOU, et celui-ci aux autres sages royaux. [1] » (*L.* 4, 1.)

C'est dans la troisième *Lecture* du *Chant divin,* intitulée *Karma-yôga* de *la contemplation jointe aux œuvres,* que se trouvent les passages ci-dessus (à l'exception du dernier, qui appartient à la quatrième *Lecture*), et cette *Lecture* est une espèce de réfutation de la doctrine de la philosophie *Sânkhya* de PATANDJALI (avec laquelle la doctrine de LAO-TSEU a beaucoup de rapports), comme le fait entendre le troisième *slôka,* où KRICHNA, répondant aux observations que lui faisoit ARDJOUNA, de ce qu'il confondoit sa raison par des doctrines opposées, lui dit :

« Dans ce monde, il y a, comme je te l'ai déjà fait observer, une double doctrine : la doctrine *Sânkhya* ou *science spéculative* [*Djnâna-yôga*], qui est l'exercice de la pensée concentrée dans une méditation profonde ; et la *science pratique* [*Karma-yôga*], qui est l'exercice ou la pratique des œuvres jointe à la contemplation [2] » ; et c'est cette dernière qu'il lui enseigne dans la troisième *Lecture* [3] ; mais il venoit effectivement de lui enseigner dans la deuxième *Lecture,* dont nous avons cité des passages ci-dessus, la doctrine spéculative et contemplative du *Sânkhya* de PATANDJALI.

L'expression 無 爲 *wou wei* [*non agere*], de LAO-TSEU, répond exactement, comme nous l'avons déjà dit ailleurs, au mot sanskrit

---

[1] Imam vivasvatô yogam prôktavàm aham avyayam |
Vivasvân manavé prâha manur ixvâkavé ' bravít ‖ L. 4. 1. ‖

[2] Lôké'smin dvividhâ nichtâ purâ prôktâ mayâ ' naghâ |
Djnânayôgêna sânkhyânâm karmayôgêna yôginâm ‖ 3 ‖

[3] Nous devons prévenir toutefois que par le terme sanskrit *karma,* *œuvre,* ce sont les *œuvres religieuses,* l'accomplissement des rites prescrits et des cérémonies, qui sont le plus souvent désignés, en opposition avec la simple science ou religion spéculative ; mais quelquefois aussi c'est le *travail* de l'homme, comme le prouve le 8ᵉ *slôka* de la 3ᵉ *Lecture.* Mémoire cité précédemment, p. 24.

nivritti, inaction, cessation de mouvement; et non pas *nirvritti, état de la nature en concrétion, émancipation finale de l'existence* chez les Bouddhistes, comme l'a soutenu contre nous, dans le *Journal Asiatique* (novembre 1831, p. 417), un homme dont on ne peut prononcer le nom sans souiller ses lèvres. On lit dans le *Bhagavad-gîtâ* ou *Chant divin* (*Lecture* 16, *sloka* 7) :

« Les hommes abandonnés aux mauvais génies, ou les méchants, ne connoissent ni l'*action* [*pravritti.*], ni la *non-action* [*nivritti*] [1]. »

L'expression 無 爲 *wou wei*, qui fait le sujet de cette note et qui se représentera souvent dans le *Tao-te-King*, nous paroît devoir signifier la *non-action* ou cet état de *quiétisme contemplatif* qui est regardé par les sectateurs de LAO-TSEU et de BOUDDHA, ainsi que par les ascètes de l'Inde, comme l'état de perfection le plus élevé auquel il est donné à l'homme de parvenir sur la terre.

Peut-être LAO-TSEU n'entendoit-il cette expression que dans un sens philosophique très-éloigné des excès du mysticisme monacal, auquel ses sectateurs l'ont appliqué. Mais c'est le propre des auteurs de systèmes de ne pas prévoir toutes les conséquences qui seront déduites logiquement, par leurs sectateurs ou disciples, des principes qu'ils auront posés. Il faut qu'une idée émise dans le monde reçoive tous ses développements avant d'être abandonnée.

Ce qui pourroit confirmer dans l'idée que LAO-TSEU n'entendoit pas l'expression 無 爲 *wou wei* dans le même sens que ses sectateurs l'ont entendue, ou du moins avec l'intention abusive qui lui est donnée, c'est que dans le même chapitre il dit que les *actions du saint homme, et non ses paroles, instruisent :* 行 不 言 之 教 *hing pou yan tchi kiao.* Il doit résulter de là qu'il ne proscrivoit pas tous les *actes extérieurs* de la vie, comme l'entendent ses sectateurs. C'est là le danger de

---

[1] Pravrittim tcha nivrittim tcha djanâ na vidur âsurâh || 7 ||

On peut encore expliquer, comme l'a fait le savant indianiste M. Wilson, *pravritti,* par *l'observance ou l'accomplissement des devoirs actifs,* et *nivritti,* par *l'abandon en temps convenable de ces mêmes devoirs actifs;* le premier impliquant *l'accomplissement des rites et observances religieuses,* et le second *l'application continuelle et absolue de la pensée à la méditation contemplative.*

Le commentateur indien SRIDHARA-SVAMIN explique les deux mots en question de cette manière : *Dharmépravrittimtchâdharménivrittimtcha;* c'est-à-dire : « L'*action* pour ce » qui est *juste* ou *bien,* et la *non-action* pour ce qui est *injuste* ou *mal.* »

ne pas embrasser tout l'ensemble d'une doctrine ; ce qui expose à la
mal comprendre.

On trouve l'expression qui fait le sujet de la note qui précède dans le
中 庸 *tchoûng yoûng,* ou *Invariabilité dans le milieu,* de KHOUNG-TSEU ;
recueilli et rédigé par son petit-fils et disciple TSEU-SSE. Il y est dit :

« Les hommes souverainement parfaits par la grandeur et la profondeur de leur vertu s'assimilent avec la terre ; par la grandeur et l'éclat
de cette même vertu, ils s'assimilent avec le ciel ; par son étendue
et sa durée, ils s'assimilent avec l'espace et le temps.

» Celui qui est dans cette haute condition de sainteté parfaite ne se
montre point, et cependant, comme la terre, il se révèle par ses bienfaits ; il ne se *meut* point, et cependant, comme le ciel, il opère de
nombreuses transformations ; il n'*agit* point, et cependant, comme
l'espace et le temps, il arrive au perfectionnement de ses œuvres. »
(Chap. 26, §§ 5 et 6.)

Ici on entend par la *non-action* de l'homme parfait l'absence de toute
démarche active et prolongée pour arriver à une fin, sa vertu étant
assez *efficace,* sans coopération active, pour obtenir cette même fin. Il
est vraisemblable que c'étoit aussi le sens primitif du *Tao-te-King.*

Quoi qu'il en soit du sens spécial que LAO-TSEU attachoit à l'expression ci-dessus, et que la suite du texte éclaircira peut-être, il est un fait
désormais établi ; c'est que les sectateurs de LAO-TSEU ont cru y trouver
prescrit le dogme de l'*inaction* ou de l'*ascétisme contemplatif,* qui a été
répandu dans l'Inde depuis un temps immémorial, que le Bouddhisme
a également adopté et propagé, qui s'est introduit en Perse chez les *Sofis*
par des communications encore indéterminées, et qui est arrivé en Europe par l'école d'Alexandrie, d'où il est passé dans les monastères
chrétiens de la Thébaïde et d'autres contrées.

ARGUMENT

DU TROISIÈME CHAPITRE.

LAO-TSEU enseigne dans ce chapitre les moyens qu'il croit propres à entretenir le peuple dans une tranquillité et une soumission durables. L'un de ces moyens, que les sages qui gouvernent le peuple doivent employer, c'est de lui donner l'exemple du mépris des honneurs et des richesses dans leurs personnes et dans celles de ceux qui exercent des fonctions publiques. Les gouverneurs des peuples, par conséquent, ne doivent pas combler d'honneurs et de richesses certains hommes, fussent-ils même des sages, ni faire un trop grand cas des objets rares ou de luxe, parce qu'en agissant ainsi ils excitent l'envie et la jalousie du peuple, qui s'expose à commettre de mauvaises actions pour obtenir, lui aussi, ces mêmes richesses et ces objets de luxe. Le philosophe ne veut pas même que l'on fasse étalage des objets de fantaisie, à plus forte raison d'un luxe insolent et démoralisateur qui jette une perturbation profonde dans l'esprit du peuple. Le saint homme de LAO-TSEU, qui occupe des fonctions publiques, qui gouverne le peuple, dédaigne la boue des richesses et des honneurs ; il méprise les objets de fantaisie et de luxe, et a toute l'austérité d'un philosophe stoïque. En outre, et comme dernière conséquence de ce système de gouvernement du peuple par des moyens internes agissant directement sur les mobiles des actions, LAO-TSEU prescrit de faire en sorte que le peuple soit sans instruction et sans désirs ; ces derniers et les troubles qui en résultent, naissant nécessairement du savoir [1], selon sa doctrine, qui est la compression de l'intelligence turbulente de l'homme et son maintien dans la simplicité et l'ignorance, son état naturel et primitif. Cette doctrine de l'abrutissement de la nature humaine, diamétralement opposée à celle du philosophe KHOUNG-TSEU, qui prescrit sans cesse le perfectionnement, le développement le plus complet de l'homme, confond notre orgueilleuse raison, par ce fait seul que l'état de la civilisation chinoise, six cents ans avant notre ère, a pu autoriser un grand penseur à la proclamer. N'a-t-il pas été dit aussi par une bouche puissante : *Bienheureux les pauvres d'esprit, parce que le royaume des cieux est à eux !* Cependant la philosophie qui proclame l'homme essentiellement perfectible par une éducation scientifique, et les nations les plus éclairées les plus heureuses, nous paroît bien supérieure à cette dernière ; elle est du moins bien plus consolante pour l'humanité et assurément bien plus appropriée à sa destination.

[1] TCHOUANG-TSEU, philosophe célèbre de l'école de LAO-TSEU, a dit aussi : *Cet amour de la science a troublé le monde !* 夫好知之亂天下也。

安民

[1]不尚賢。使民不爭。
不貴難得之貨。使民不爲盜。
不見可欲。使心不亂。
是以聖人之治。
[5]虛其心。實其腹。
弱其志。強其骨。
常使民無知無欲。
使夫知者不敢爲也。
[10]爲無爲。則無不治矣。

PACIFICUM REDDERE POPULUM.

1. Non extollere sapientes, facit-ut populus non contendat.
    Non plurimi-facere difficiles comparatu divitias, facit-ut populus non exer-
        ceat furtum.
    Non ostendere [ea quæ] possunt concupisci, facit-ut cor non perturbetur.
    Qua de-causa sanctus vir illum gubernat.
5. Viduum-facit ejus cor[1]: adimplet ejus viscera;[2]
    Debilitat ejus volontatem; corroborat ejus ossa.
    Semper facit-ut populus careat scientia, careat cupidinibus.
    Facit-ut ille qui scit, non audeat agere.
9. Agendo [τὸ] non agere; tunc haud non gubernatur.

DÉFINITIONS.

7e Vers. 無知 *wou tchi*; ce 知 *tchi* se prend ici comme nom substantif : 如字.

8e Vers. 知者 *tchi tche*; ce 知 *tchi* est au ton *kiu*.

EXTRAIT DES GLOSES DE HO-CHANG-KOUNG.

[1] 遣慾全生 En chassant de son cœur les passions, les désirs déréglés, il complette sa vie.

[2] 眞養全命 En le remplissant des aliments de la vérité, il complette le mandat du ciel.

III.

DE LA PACIFICATION DU PEUPLE.

En ne comblant pas les sages d'honneurs et de richesses, on fait que le peuple ne s'abandonne pas aux entreprises ambitieuses et violentes. En n'estimant pas à un haut prix les objets difficiles à acquérir, c'est-à-dire les choses extraordinaires et rares, on fait que le peuple ne se livre pas au vol et aux rapines. En n'offrant pas à ses yeux des objets qui excitent les désirs, on fait que son cœur n'est pas troublé par les passions. C'est ainsi que le saint homme gouverne le peuple, qu'il dépouille son cœur des passions qui le troublent, qu'il remplit le séjour de son intelligence de biens réels; qu'il affoiblit la fougue de ses penchants[1], et qu'il corrobore ses forces physiques[2]. Toujours il fait en sorte que le peuple soit sans instruction, sans savoir, et par conséquent sans désirs[3]; toujours il fait en sorte que celui qui a de l'instruction n'ose pas en faire un mauvais usage. Si le peuple ne se livre pas à l'agitation pour acquérir des biens frivoles[4], alors il ne manquera pas de se laisser bien gouverner.

[1] 致柔全神 En affoiblissant au plus haut degré la fougue de ses penchants, il complette son principe spirituel.

[2] 保精全形 En conservant avec soin son principe matériel, il complette sa forme ou son développement physique.

[3] En retournant à sa simplicité primitive, à sa rudesse honnête, il conserve sa sincérité, son bon naturel.

[4] 寂然不動 En restant dans un repos silencieux, il ne se livre à aucun mouvement désordonné, à aucune agitation.

COMMENTAIRE CHOISI DE SIE-HOÉÏ.

Quoique les saints hommes de l'antiquité [les anciens législateurs] employassent les sages dans les charges publiques, cependant ils ne comblèrent jamais d'honneurs ces mêmes sages, au point de les rendre orgueilleux et vains. Ceux qui, à cette époque, étoient des sages, occupoient alors les emplois qu'on leur avoit confiés, mais ils ne pensoient pas à en retirer de la gloire et des honneurs. Ils supportoient les fatigues de leur charge, mais ils ne pensoient pas à en retirer des profits. S'il n'y avoit ni gloire ni profits [à attendre de l'occupation des emplois publics], quel motif le peuple auroit-il de se livrer à des *entreprises ambitieuses et violentes?*

C'est une coutume qui s'est établie dans les siècles postérieurs, que les sages ont cherché à jouir avec orgueil de leur renommée et des produits de leurs emplois; la foule des hommes les a admirés et a voulu les imiter; l'ambition et la cupidité sont nées aussitôt dans les cœurs, et le vent des *entreprises ambitieuses et violentes,* des agitations coupables, s'est propagé de toutes parts.

C'est pourquoi, *en ne comblant pas les sages d'honneurs et de richesses, on fait que le peuple ne s'abandonne pas aux entreprises ambitieuses et violentes.*

Les saints rois de l'antiquité ne manquèrent jamais d'employer leurs richesses à nourrir le peuple. Ainsi ils s'efforçoient de soulager ceux qui étoient pauvres et privés de tout, en leur faisant passer ce qu'ils possédoient. Dans toutes les circonstances, leur but étoit de secourir le peuple, en lui donnant seulement des vêtements et des aliments. Sans cela et d'autres actions de la même sorte, qu'est-ce que ces saints hommes auroient eu d'honorable dans leur conduite?

Ne pas estimer à un haut prix les objets extraordinaires et rares; maintenir à bas prix les objets usuels; ne pas faire des choses sans utilité pour nuire à celles qui sont utiles; c'est agir en sorte que le peuple ait suffisamment de quoi se vêtir et se nourrir; alors la source des vols et des larcins est fermée [la cause de ce désordre est supprimée] :

不 貴 異
用 作 害
物 物 無 有 民 衣 盜 源
使 於 益 益 不 盜 食 竊 塞
害 則 足 之 矣

C'est pourquoi, en *n'estimant pas à un haut prix les objets difficiles à acquérir* [les choses rares et extraordinaires], *on fait que le peuple ne se livre pas au vol et aux rapines.*

Le cœur de l'homme est par sa nature tranquille et calme : 人 心 本 靜; celui dont le cœur est troublé ou agité par les passions, et qui a perdu ce qu'il a en lui d'immuable, est influencé par les choses de ce monde qui *peuvent être désirées.* C'est pourquoi, en *n'offrant pas aux yeux des objets qui excitent les désirs, on fait que le cœur du peuple n'est point troublé.*

Quand de saints hommes gouvernent le monde, ils ferment toutes les voies à la boue des richesses et des honneurs; ils méprisent tous les objets de luxe et de fantaisie que chérit la frivolité, et par là ils font que le peuple dépouille son cœur de ses passions vicieuses, de ses désirs ambitieux et déréglés; qu'il conserve ses habitudes de simplicité et de pureté primitives; qu'il reste tranquille et calme, sans qu'aucun objet étranger vienne solliciter sa pensée : *son cœur est dépouillé des passions déréglées.* C'est pourquoi toute la partie intelligente de son être est conservée dans son intérieur, et *son ventre* [ou *le séjour de son âme*] *se trouve rempli :* 故 神 氣 內 守 而 腹 實 矣. Il se réfugie dans sa timidité naturelle, et il n'a rien qui excite l'activité de son esprit : 退 怯 而 無 所 爲; ses *inclinations, ses penchants* sont alors *affoiblis* et dépouillés de toute fougue. C'est pourquoi la force de son principe spirituel, 精力 *thsing li*, n'est point vicié *et ses os sont corroborés.*

Être sans instruction, sans désirs, c'est seulement là l'état naturel et primitif du cœur de l'homme. Il se laisse séduire par les objets extérieurs, et il dénature, il corrompt son principe primitif. C'est-à-dire que plus on acquiert de connoissances, plus on acquiert de désirs qui lient, enchaînent la volonté. *Il faut donc faire en sorte que le peuple soit sans instruction, sans désirs;* or, pour cela, il n'est besoin que de le rendre à son état naturel et primitif :

巳 反 知 累 多 初 物 是 人 無
　其 無 使 欲 乃 而 耳 心 知
　本 欲 民 以 多 迷 化 本 無
　而 蓋 無 自 知 其 於 如 欲

Celui qui *sait,* qui est instruit, aime à faire naître des affaires, à créer des embarras pour agiter l'empire. S'il connoît les inconvénients aussi bien que les avantages de l'*action* et de l'*inaction,* ou de l'*agitation* et de la *non-agitation,* alors il éprouvera de la crainte et n'osera pas agir avec témérité. En fait de moyens de mettre la paix, la tranquillité parmi les hommes, il n'y en a pas de meilleur que la *non-action* ou la *non-agitation.* C'est pourquoi, *si le peuple ne se livre pas à l'agitation pour acquérir des biens frivoles, il ne manquera pas de se laisser bien gouverner :*

不 無 無 道 矣 不 益 有 下 事 知
治 爲 爲 莫 安 敢 則 爲 知 以 者
矣 則 故 善 人 妄 懼 之 無 擾 好
　無 爲 於 之 爲 而 損 爲 天 生

ARGUMENT

DU QUATRIÈME CHAPITRE.

———

Ce chapitre, auquel on a donné pour titre : *De l'Origine du Non-Être*, ou de la Cause première dénuée d'attributs corporels, est très-obscur. C'est que dans cette matière l'obscurité des termes tiendra toujours plus ou moins de la profonde obscurité du sujet lui-même et de l'impuissance que l'homme ressent partout de se rendre compte de la nature et de l'origine de la Cause première ainsi que de la formation des choses. Ce chapitre ne se rattache par aucun lien au chapitre précédent, si ce n'est par ce lien vaste et caché qui embrasse tout l'ouvrage du philosophe ; par ce grand principe qui le domine : l'explication de la nature et des attributs du premier Être ou du premier Principe. Ce premier Principe est, comme on l'a déjà dit : la négation absolue de tout attribut matériel tombant sous les sens ; cependant son existence ne peut être mise en doute par les effets qu'il produit : les effets démontrant la Cause. Qu'on essaie de s'en servir, ou de le saisir dans sa propre essence, on trouve toujours qu'il est incorporel, immatériel et non existant à la manière des corps solides. Aussi est-il un abyme sans fond, un mystère impénétrable qui dépasse la portée de notre intelligence. A la grandeur, à l'immensité de ses attributs on le croiroit le grand ancêtre de l'univers. Pour se rendre accessible à toutes les créatures, pour leur donner la vie, il s'est dépouillé de tout ce qui pouvoit blesser leurs regards ; il s'est dégagé des voiles qui l'enveloppoient dans les éléments confus de la masse première ; il a débrouillé le chaos, il en a fait sortir des êtres organisés qu'il a produits à la lumière du jour. Il s'est fait poussière pour s'identifier avec leur poussière ! Il est descendu jusqu'à eux pour les élever jusqu'à lui.

道冲而用之
無源
或不盈。
淵乎似萬物之宗。
挫其銳。解其紛。
和其光。同其塵。
湛兮似或存。
吾不知誰子。
象帝之先。

NON-ENTIS ORIGO.

4. Supremum-Principium, vacuum, et utendo illo, aliquod non plenum.
Abyssus, proh! simile-est omnium rerum ° atavo.
Frangit suum acutum; explicat suum chaos;
In-unum-colligit eorum lumen; sese-assimilat eorum pulveri.
5. Quietum, proh! simile-est alicui existenti!
Ego non cognosco cujus filius;
Simile-est Imperatoris ° antecessori.

VARIANTES.

1er *Vers.* Quelques éditions ont le caractère 似 *sse* après 或 *hoe.*

DÉFINITIONS.

冲 *tchoung* signifioit primitivement la cavité ou le vide d'un vase, et il s'écrivoit ainsi 盅. Li-ti a dit: « Le souverain Empereur créa le maître ou le seigneur des » créatures; des multitudes d'êtres passèrent du néant à l'existence dans tous les lieux; » ensuite le premier Principe resta seul dans sa primitive image et ressemblance. La nature » du premier Principe est pleine d'humilité; c'est pourquoi on ne dit pas, on n'établit » pas positivement qu'il est antérieur au souverain du ciel [le Dieu suprême de l'école » de Knoung-tseu], mais qu'il *semble* être antérieur. »

IV.

DE L'ORIGINE DU NON-ÊTRE.

Le Principe suprême est incorporel de sa nature[1], et si on essaie de s'en servir comme d'un être tombant sous les sens, alors on trouve qu'il n'est point quelque chose d'existant à la manière des corps solides. C'est un abyme sans fond, un mystère impénétrable[2]! Il semble qu'il soit le grand ancêtre de toutes choses!

Il émousse, il brise ses aspérités aiguës et blessantes, afin de se rendre accessible à tous les êtres; il se dégage des voiles qui l'enveloppent dans les éléments confus de la masse première; il réunit en un faisceau la lumière qui existoit dans les êtres; il s'identifie avec leurs molécules les plus subtiles, avec leur poussière. Être immobile et silencieux qui ressemble à quelque chose de subsistant matériellement[3]! Je ne sais pas de qui il est fils[4]; mais il semble antérieur au souverain du ciel.

EXTRAIT DES GLOSES DE HO - CHANG - KOUNG.

[1] 太虛同體, il est de la même substance que le suprême vide, la sublime incorporéité.

[2] 淵淵其淵萬物資始, abyme des abymes! cet abyme est le fécond principe de tous les êtres!

[3] 存神於無, il existe spirituellement dans le Non-Être.

[4] 一元無上, c'est l'unité primordiale, sans antécédent, sans supérieur.

COMMENTAIRE CHOISI DE SIE-HOÉÏ.

Le caractère 冲 *tchoung* [*vacuum*] et l'expression 不盈 *pou hing* [*non plenum*], signifient l'un et l'autre le *vide*, l'*incorporéité :* 皆虛也。

L'essence, la substance du Principe suprême, est essentiellement *incorporelle*. Dès l'instant qu'on en vient à faire usage de ses attributs, à essayer de s'en servir comme s'il étoit un être tombant sous les sens, alors on trouve également qu'il ressemble à *quelque chose qui n'est pas un corps solide*, qui n'existe pas corporellement. Si l'on s'en rapporte à ses traces, à ses effets visibles, ce premier Principe est comme possédant une action matérielle; mais, dans la réalité, il n'est pas un être corporel existant matériellement. Comment auroit-il le plein de la matière ou des corps solides? Qu'il soit en repos, qu'il soit en mouvement, il est toujours le *un* indivisible et immuable; car ce qui est *incorporel, immatériel,* est éternel et immuable :

其蓋一或何實若或之。虛道
常冲而靜盈則有不則及之
也虛不或之無事盈亦夫體
者變動有物而跡猶用本

Le caractère 淵 *youan* [*abyssus*] signifie ce qui est trèsprofond : 深也． Le caractère 崇 *tsoung* [*atavo*] signifie seigneur, maître : 主也。

Il émousse, il brise ses aspérités aigües et blessantes, comme les arêtes des épis de blé; il fait usage du souple, du flexible, du conciliant : 用柔弱也． *Il se dégage des voiles qui l'enve-*

loppent [dans les éléments confus de la masse première]; il n'est retenu par aucune entrave : 不累也. *Il réunit comme en un faisceau la lumière qui existoit dans les éléments;* si la lumière qui existoit n'avoit pas été produite au dehors, alors tout seroit resté confondu dans la masse obscure du chaos : 則渾然矣. *Il s'identifie avec leurs molécules les plus subtiles;* il s'identifie si intimement avec les êtres, qu'il n'est rien en quoi il en diffère : 大同於物。無所異也。

Le caractère 湛 *tchan* [*quietum*] a le sens de silencieux, calme et pur : 湛者澄寂之意。

Les êtres qui ont une existence matérielle *subsistent* réellement; mais à l'origine des choses ils étoient sans formes, sans substance organique : 有物存焉而初無形體. C'est pourquoi il est dit dans le texte *quelque chose de subsistant matériellement.*

Ce que le philosophe [Lao-tseu] appelle l'*Être* ou la *substance matérielle qui existe,* c'est ce dont les êtres tirent la vie : 子謂有所從生。

Le caractère 象 *siang* [*simile-est*] a le sens de ressembler : 似也。

Le caractère 帝 *ti* [*imperator*] désigne le souverain du ciel : 天帝也。

Le ciel est le suprême prédécesseur des êtres qui possèdent l'existence; c'est de lui que tous les êtres reçoivent la vie. Quant au Principe suprême, on ne sait pas d'où lui-même tient l'existence. On suppose qu'il existoit antérieurement au souverain du ciel. C'est ce qu'exprime Tchouang-tseu quand il dit : Il est à lui-même sa propre origine; il est à lui-même sa propre racine. Dans le Livre de Lao-tseu on retrouve fréquemment cette pensée exprimée, mais il ne nomme pas directement ce premier Principe dans les énumérations qu'il fait de ses glorieux

attributs; or c'est en cela que consiste la profondeur et l'obscurité de sa sublime pensée :

意 夫 言 書 自 莊 在 何 生 先 天
深 道 之 於 根 子 天 自 也 萬 者
矣 也 非 此 也 所 帝 而 道 物 有
　 蓋 直 義 老 謂 之 生 不 之 生
　 其 贊 往 子 自 先 疑 知 所 之
　 致 美 往 之 本 此 若 其 從 最

OBSERVATIONS.

Les explications que les commentateurs chinois ont données de ce
chapitre sont généralement peu propres à en éclaircir l'obscurité. Tous
ceux que nous avons pu consulter n'offrent que très-peu de secours pour
en faciliter l'intelligence. Leurs interprétations embarrassées, et souvent
bizarres, ne répondent pas, si nous les avons bien comprises, à ce que
l'on pourroit en attendre. La seule explication un peu claire que nous
ayons trouvée dans ces commentateurs est celle-ci, de CHAO-PIAN :

« Les deux premiers caractères 其 *khi* [*pronom possessif*] se rapportent à lui-même [c'est-à-dire au premier Principe]; les deux suivants
se rapportent aux hommes : 上二其字以已言。下二其字以人言。

La scholie *du Recueil des anciens philosophes* dit : « Le premier Principe
est essentiellement *incorporel, non tombant sous les sens*, et si nous l'em-
ployons à notre usage, nous trouvons effectivement qu'il est *non-plein;*
son abîme immense et profond peut embrasser tous les êtres; comment
ne seroit-il donc pas leur grand ancêtre? »

ARGUMENT

DU CINQUIÈME CHAPITRE.

La première partie de ce chapitre, dans laquelle il est dit que le ciel et la terre, ainsi que le saint homme, ne sont pas humains ou bienveillants pour tel et tel individu en particulier, mais pour l'humanité tout entière, et qu'ils ne font pas plus de cas des êtres de la nature et des populations que des mannequins de paille qui ont servi dans les sacrifices, ne paroît pas se rattacher à la seconde partie, comme l'a judicieusement observé le commentateur ; mais toutes les éditions du *Tao-te-King* donnent cette disposition du texte. La seconde partie est fort vague. L'espace vide qui est entre le ciel et la terre, et dans lequel le commentateur chinois place le séjour d'une multitude inépuisable d'êtres incorporels, d'esprits aériens, est comparé à un soufflet employé dans les hauts-fourneaux pour fondre les métaux. Le soufflet ainsi que l'espace nous semblent vides ; cependant ils produisent l'un et l'autre du vent sans s'épuiser. Cette comparaison de l'espace au soufflet des hauts-fourneaux est à elle seule un indice très-remarquable de l'état avancé des arts métallurgiques en Chine à l'époque où écrivoit Lao-tseu, c'est-à-dire près de six cents ans avant notre ère.

Les Chinois sont divisés sur la manière d'interpréter la dernière partie de ce chapitre. Notre commentateur Sie-hoéï, que l'on pourroit nommer à juste titre rationaliste, l'explique, comme c'est sa constante habitude, d'une manière rationnelle et positive ; mais d'autres l'expliquent d'une manière allégorique, et prétendent que les comparaisons avec les *chiens de paille* et *le soufflet des hauts-fourneaux* sont des figures qui signifient que le saint homme se transforme dans l'essence merveilleuse des esprits, etc. Nous avons dû suivre de préférence l'interprétation de notre commentateur, qui est la plus claire, sinon la plus profonde.

Quelques commentateurs trouvent aussi une analogie entre le soufflet des forgerons et le ciel et la terre, ainsi que le saint homme, en ce que, comme ces derniers, le soufflet ne renferme pas en lui-même un principe d'affections, un cœur qui le porte à aimer un être de préférence à tous les êtres en général, mais qu'il remplit ses fonctions indistinctement.

[1]天地不仁 以萬物爲芻狗 聖人不仁 以百姓爲芻狗 [5]天地之閒 其猶橐籥乎 虛而不屈 動而愈出 多言數窮 [10]不如守中

VACUI USUS.

1. Cœlum, terra non humana;
   τα omnia Entia existimant feni canes.
      Sanctus vir non humanus;
   τὰς centum familias existimat feni canes [1].
5. Cœli, terræ ° intervallum (existit);
      Illud simile fabrili folli °.
      Inane et non deficit;
      Movetur et eo-magis exoritur.
      Multis verbis multoties exhaurire:
10.   Non sicut servare medium.

VARIANTES.

7e *Vers.* Au lieu de 不屈 *pou kiu*, l'édition *Ho-chang* porte 不詘.

9e *Vers.* Au lieu de 多言 *to yen*, l'ancienne inscription sur pierre portoit 多聞 *to wen*.

[1] La scholie du *Recueil des anciens philosophes* dit : « Le ciel et la terre, quoique donnant » naissance à des êtres, ne s'en attribuent pas le mérite. Le saint homme, quoique alimen- » tant le peuple [quoiqué lui donnant les aliments de la vie morale], ne se considère pas » comme son bienfaiteur. »

V.

DE L'USAGE DU VIDE.

Le ciel et la terre ne sont pas humains ou bienveil-lants à la manière des hommes ; ils considèrent tous les êtres comme si c'étoient des chiens de paille qui ont servi dans les sacrifices. Les saints hommes ne sont pas humains et bienveillants à la manière du vulgaire ; ils considèrent toutes les populations comme si c'étoient des chiens de paille qui ont servi dans les sacrifices.

Le ciel et la terre ont entre eux un espace vide ; cet espace ressemble aux grands soufflets employés dans les hauts-fourneaux pour fondre les métaux. Il est vide, et cependant il ne s'épuise point ; il se met en mouvement, et c'est alors qu'il produit du vent avec le plus d'abondance. Chercher à définir le Principe suprême par une multitude de paroles répétées et portées à leur dernière limite, ne vaut pas garder une juste mesure.

Le caractère 仁 *jin* [*humanus*] signifie une affection parti-culière du cœur; l'état habituel d'aimer avec prédilection : 仁。謂私心親愛之也。

绉狗 *thsou kieou* [*feni canes*] ; anciennement on formoit avec de l'herbe ou de la paille tressée des figures de chiens, dont on faisoit usage dans les différents sacrifices. Les sacrifices étant accomplis, alors on les rejetoit au loin. Cette comparaison signifie que le saint homme tient son cœur exempt de tendresse et d'affections privées.

La vertu du ciel et de la terre est éminemment universelle et n'a rien qui tienne des affections privées ; elle s'étend à tous les êtres de la nature indistinctement; elle les laisse naître et se transformer. Combien est grande la bienveillance du ciel et de la terre! comme elle embrasse tous les êtres! Le saint homme ne fait que se comporter de même envers toutes les populations; par cela même que l'humanité ou la bienveillance est une humanité ou bienveillance universelle, elle n'est plus une bienveillance, voilà ce que le philosophe a voulu dire:

天地之德，大公而無所私，任萬物之自生自化，天地何容心焉。聖人之於百姓，亦如是耳。此之謂也。

La portée de ce premier paragraphe est extrêmement grande; ce paragraphe ne se rattache pas au sens du texte précédent; il est douteux que les deux phrases qui suivent immédiatement ne forment pas un chapitre séparé.

L'expression 橐籥 *tho-yo* [*follis fibrilis*] désigne l'instrument dont se servent les forgerons pour produire le vent qui fait fondre les métaux. Le 橐 *tho* est un coffre extérieur qui sert à recevoir le 籥 *yo*; ce dernier est un tube intérieur qui sert à mettre en mouvement le *tho*, ou le coffre.

Le caractère 屈 *kiu* [*deficere*] signifie cesser par épuisement.

Dans l'*intervalle ou espace vide* qui sépare le ciel de la terre, il existe des êtres aériens extrêmement subtils. Considérés sous le rapport de leur *ténuité*, de leur *vacuité*, ils ne sont pas véritablement non-existants à la manière des êtres corporels; ils existent, mais seulement ils ne peuvent être aperçus par le regard des hommes. Considérés sous le rapport de leur *motilité*, leur mouvement est sans fin; si l'on s'en sert, si on les emploie, on ne peut en épuiser le nombre. Si l'on assimile ces êtres aériens au soufflet des forgerons ou des hauts-fourneaux, la ressemblance est exacte :

天地之閒有至神之物當其虛無也非眞物有而不可見耳當其動也其出不窮用之不可旣也擬諸橐籥正相似矣

Cet *espace qui sépare le ciel de la terre* est vide et incorporel, et ne peut être sondé ; il forme la substance véritable de ces êtres spirituels qui opèrent des transformations d'une manière illimitée. Sans connoître le premier Principe ou l'Intelligence suprême, qui pourroit les connoître et les comprendre :

此天地之閒虛無不測神化無窮之實體非知道者孰能識之

L'*Être* et le *Non-Être* du premier chapitre, le *Génie de la vallée* ou *du vide* du chapitre qui suit, sont des termes qui impliquent la même idée.

Le caractère 數 sou [*multoties*] signifie souvent, *repetitis vicibus.* 窮 kioung [*exhaurire*] signifie porter à l'extrême.

Le texte qui précède, et dont on vient de donner l'explication, dit que l'essence du Premier Principe est telle, qu'au fond la parole humaine est impuissante à l'exprimer, et qu'elle est également impuissante à épuiser ses attributs. Si l'on cherche à la définir par la parole, alors plus les paroles ou les expressions, les locutions, les comparaisons sont multipliées, plus on parvient promptement à les épuiser, à les porter à leur extrême limite. Mais si l'on est sobre de paroles, et que l'on *conserve le milieu ou une juste mesure*, alors le *Tao* lui-même n'est pas éloigné.

谷神不死　是謂玄牝　玄牝之門　是謂天地根　綿綿若存　用之不勤

PERFECTIONIS IMAGO.

4. Vallis genius non moritur;
Ille dicitur caerulea seu reconditissima femina.
Reconditissima femina illa, porta.
Haec dicitur coeli, terrae radix.
Sine interruptione velut existens.
Utendo ea non laditur.

VARIANTES.

4e Vers. Anciennement le réseau plaçait toujours 之 intelli après 地 illi.

DÉFINITIONS.

谷 Kou, vallée, est une comparaison, une figure indiquant que le Génie peut recevoir et contenir dans son vide [des corps solides]. Il reçoit et contient en lui [des corps solides], mais il n'existe pas matériellement; son essence subtile ne peut être sentie. C'est pourquoi il est dit: Le Génie de la vallée est une femelle qui peut produire les êtres matériels; comme dans le premier chapitre, c'est ce qui est nommé la Mère. On l'appelle aussi femelle indistincte ou primordiale, impliquant par là le sens de ce qui est solitaire, profond, éloigné, invisible, insaisissable par la pensée:

谷喩也　以其虛而能受　受而不有　微妙莫測　故曰谷神　牝能生物　猶前章所謂母也　謂之玄牝　亦幽深不測之意

VI.

DE L'IMAGE DU PARFAIT.

ARGUMENT. Il a été dit dans le chapitre précédent que, dans l'espace vide qui sépare le ciel de la terre, existoit une quantité innombrable d'intelligences impalpables qui sont, pour ainsi dire, des êtres intermédiaires entre les créatures mortelles et le premier Principe. Cette doctrine est développée dans celui-ci, où il est dit qu'un *Génie*, que l'on nomme le *Génie de la vallée ou du vide*, génie qui participe de l'état d'immatérialité et de l'état de matérialité, habitant l'immensité de l'espace, ne meurt point. C'est ce génie auquel a été conféré le pouvoir de la création par le premier Principe. LAO-TSEU, considérant ici cet être intermédiaire sous le point de vue de la production des êtres, le nomme *femelle indistincte* ou *primordiale*, impliquant l'idée de nature *procréatrice*, d'*être primitif androgyne*, comme tous les premiers types des *créateurs* dans les cosmogonies anciennes de l'Orient. Cette puissance créatrice a produit le ciel et la terre, et quoique son œuvre de création soit accomplie, cependant elle a toujours une existence occulte, et sa vertu fécondante s'exerce continuellement sans effort dans la création visible.

Le Génie de la vallée qui existe dans l'espace vide ne meurt point. C'est lui que l'on nomme la femelle indistincte ou primordiale. La femelle indistincte ou primordiale est la porte de tous les êtres. C'est elle que l'on nomme la racine fondamentale du ciel et de la terre. Son existence invisible se continue cependant sans interruption à travers les siècles, et ses facultés créatrices s'exercent sans efforts.

COMMENTAIRE CHOISI DE SIE-HOÉÏ.

L'expression 谷神 *kou chin* [*vallis spiritus*] désigne un être *vide* ou *impalpable, sans formes corporelles visibles;* recevant une impression relative des actions des êtres, et les rétribuant selon leurs œuvres : 谷神者。虛而無形。感物而應者也。

KOUAN-YUN a dit : « Il existe en lui-même sans occuper » d'espace ; c'est lui qui fait apparaître les êtres matériels à for-» mes visibles : 關尹曰。在己。無居形物。自著. Les paroles de ce philosophe tirent leur origine de de celles qui précèdent.

Les êtres corporels vivants ont une naissance, alors ils ont une mort; le *Génie ou Esprit de la vallée* n'a essentiellement point de naissance par lui-même, par conséquent il n'a point de mort ou de dissolution :

死 故 不 本 谷 有 生 物
也 不 生 自 神 死 則 有

Le caractère 玄 *hiouan* [*cærulum, seu reconditissimum*] est une expression qui indique un être digne de louanges et de vénération; le caractère 牝 *pin* [*fœmina*] exprime la mère de l'univers :

玄 者。贊 美 之 辭。牝 者。言 爲
天 下 母 也。

Ce que Lie-tseu appelle *incréé* ou *improduit* peut produire des créatures vivantes; ce qu'il appelle *non sujet aux transformations* peut produire des transformations ou faire sortir des êtres du sein du *Non-Être*. Cette raison des choses est extrêmement subtile, insaisissable; il convient que le philosophe qui étudie le principe des choses médite profondément sur elle pour parvenir à la comprendre; alors cette raison d'être du ciel et de l'homme, ces paroles concernant la naissance et la mort, pourront être comprises :

可 生 人 之 深 微 也 者 生 不 列
知 之 之 則 思 學 此 能 生 生 子
矣 說 道 夫 而 者 理 化 不 者 所
皆 死 天 得 宣 至 化 化 能 謂

* Lao-tseu, dans la plus grande partie de son livre, a employé des rimes ou consonnances finales; c'est pour cette raison qu'il a négligé ou rejeté des expressions qui auroient occasioné trop

de changements dans son style pour les faire accorder ensemble
par consonnance, et il n'a pas eu égard pour le sens à l'intervalle
qui séparoit un caractère de ce même caractère répété. Ainsi
dans ce chapitre il est dit : *C'est lui qui est nommé la femelle primordiale* ; alors, ne doit-on pas lire le caractère 牝 [*pin*] de
manière à le faire rimer avec le vers précédent[1]? Il est dit ensuite : *La femelle primordiale est la porte de tous les êtres* ; alors,
ce n'est qu'une répétition des mêmes mots pour former une
rime consonnante avec le vers suivant :

老韻變取是牝句則下
子故文義謂爲曰特句
書其以如玄否玄衍相
大遣一叶此以化其叶
氏辭韻字章則之辭
用多非之曰讀上門與

Il est des personnes qui, suivant une autre opinion, produisent une explication d'où il résulteroit qu'elles rejettent les caractères 玄牝 *hiouan pin*, dans l'endroit où ils se trouvent
répétés, c'est-à-dire dans 玄牝之門 *hiouan pin tchi men.*
Ils coupent entièrement la phrase et la dénaturent.

La racine du ciel et de la terre est une locution qui signifie que
le ciel et la terre procèdent d'elle et en ont reçu l'existence; car
si l'on examine bien le sens de l'expression *femelle primordiale,*

---

[1] Le vers précédent étant terminé par la consonnance 死 *sse*, il faudroit pour *rimer*
lire le caractère 牝 *pe*, ce qui ne seroit pas contraire à l'étymologie du mot, car, selon
le *Chouĕ-wen*, c'est le groupe 匕 *pe* qui lui donne la prononciation. Les dictionnaires
toniques ou de *rimes*, *Thang-yun*, *Tsi-yun*, *Yun-hoeï*, donnent à ce caractère la prononciation ancienne de *pe*, ce qui en fait une *rime suffisante* avec *sse.*

on voit qu'elle comprend le ciel et la terre ; alors elle embrasse tous les êtres.

Sou-tseu-yeou a dit : L'expression 綿綿 *mien mien* [*sine interruptione*] signifie imperceptiblement et sans interruption : 微而不絕也。

Les caractères 若存 *jo thsun* [*velut existens*] désignent ce qui existe sans pouvoir être aperçu par les sens : 存而不可見也。

Wang-fou-sse a dit : « Veut-on parler de son existence, alors on ne peut distinguer ou apercevoir sa forme ; veut-on parler de son dépérissement ou de son extinction, tous les êtres sont produits par cette puissance occulte. C'est pourquoi il est dit dans le texte : *Elle est toujours imperceptiblement et sans interruption comme existante ;* il n'est aucun être auquel elle ne donne son complet développement. Elle fait constamment usage de ses facultés créatrices, et elle n'en éprouve aucune fatigue. C'est pourquoi il est dit dans le texte : *Ses facultés créatrices s'exercent sans efforts :*

欲言存邪則不見其形欲言亡邪萬物以之生故曰綿綿若存無物不成用而不勞故曰不勤用之

COMMENTAIRE ADDITIONNEL DE L'ÉDITEUR CHINOIS KAO-CHOU-TSEU.

Lao-tseu, dans ce sixième chapitre, dit : *Le Génie de la vallée ne meurt point, c'est lui qui est nommé la femelle primordiale;* depuis l'antiquité, la femelle indistincte ou primordiale est le sujet de beaucoup de discussions. On a bien divagué sur le Génie de la vallée, sans jamais l'approfondir, et les opinions là-dessus ont été diverses et très-partagées. Tous ceux qui s'en sont occupés n'ont pas compris le sens fondamental de Lᴀᴏ-ᴛsᴇᴜ. La dissertation du philosophe Kᴏᴜᴀɴ-ʏᴜɴ a épuisé le sujet. Postérieurement, Lɪᴇ-ᴛsᴇᴜ et Tᴄʜᴏᴜᴀɴɢ-ᴛsᴇᴜ [1] l'ont eux-mêmes profondément médité sans pouvoir parvenir à comprendre ce que Lᴀᴏ-ᴛsᴇᴜ avoit voulu dire ; ils ont trouvé qu'il étoit difficile de savoir ce qu'il falloit croire à ce sujet.

On lit dans le *Sse-ki* [2] : « Ce que Lᴀᴏ-ᴛsᴇᴜ estime par-dessus tout, le *Principe suprême*, le *Vide* ou l'*absolu*, le *Non-Être*, comme exerçant des rétributions selon les œuvres, et opérant des conversions et des transformations dans la *non-action*, sont des termes que l'on n'est pas encore parvenu à bien comprendre. En ce qui concerne l'expression : *Génie de la vallée*, il en a donné l'explication lui-même ; il appelle cet être : *de la vallée* [ou du *vide*] ; alors ce n'est pas un être existant à la manière des êtres matériels ; il l'appelle *génie*, alors ce n'est pas un être à l'état de non-existence matérielle [3] : »

史記曰老子所貴道虛無因應變化於無爲至哉言乎蓋即谷神之說也嘗之之說曰謂之谷則非有也謂之神則非無也

Il est encore dit : *Le Génie de la vallée ou du vide* peut être vu, mais seulement par son action dans la rétribution des œuvres. Quoique l'on dise qu'il peut être vu, toutefois on ne peut pas le voir. *Il existe* cependant ; comment donc existe-t-il ? car tout ce qui existe d'une manière visible a des vestiges visibles dans l'universalité des êtres qui existent, mais ces vestiges n'en sont pas la substance fondamentale. Dans son état

---

[1] Ce sont trois célèbres philosophes de l'école de Lᴀᴏ-ᴛsᴇᴜ, qui vivoient en Chine peu de temps après lui et dont on possède les ouvrages.

[2] Mémoires historiques de *Sse-ma-thsian*, qui vivoit dans le second siècle avant notre ère. Voy. notre *Descripton historique de la Chine*, t. 1, p. 246.

[3] C'est donc un être qui participe par sa nature de l'état de matérialité et de celui d'immatérialité, exprimés par 谷神 *kou chin : Génie de la vallée.*

de manifestation par des traces visibles, le *Génie de la vallée* accomplit ses attributs merveilleux de rétribution des œuvres ; dans son état occulte, il est la véritable substance du *vide* ou de l'absolu et du *Non-Être*. C'est en quoi ce *Génie de la vallée* est considéré comme un *génie*. Sans pénétrer la vertu de la lumière divine [sans posséder la faculté de distinguer l'absolu], qui pourroit comprendre ce mystère : »

德爲實之其皆焉可特又
者神體妙本彼是見其曰
孰也此用體萬何而因谷
能非谷藏也物也不應神
識通神其顯之蓋可焉之
之神之虛其跡可見耳可
　明所無因而見者雖見
　之以之應非者存曰者

OBSERVATIONS.

De tous les autres commentaires chinois sur ce chapitre que nous avons consultés, celui qui nous a paru mériter le plus d'être rapporté, c'est le commentaire de Sou-tseu-yeou. Il dit : « 谷 *kou* signifie extrême vide et comme ayant une forme matérielle. Le *Génie de la vallée* signifie alors le *vide*, l'*incorporel* ou le *privé de formes déterminées*. Le vide, l'incorporel ou le privé de formes déterminées, d'une étendue immense, n'ayant point de vie [à la manière des êtres organisés], comment seroit-il sujet à la mort ? En l'appelant *Génie de la vallée*, Lao-tseu indique sa vertu, ses propriétés extrinsèques ; en le nommant *femelle indistincte* ou *primordiale*, il indique ses mérites physiques. Comme *femelle* elle a produit tous les êtres ; et en la qualifiant d'*indistincte* ou de *primordiale*, il veut dire que l'on voit bien qu'elle produit les êtres, mais que l'on ne voit point comment elle les produit.

» La *femelle indistincte ou primordiale est la porte* signifie que tous les êtres procèdent de cette *femelle.* Elle est *la racine fondamentale du ciel et de la terre* signifie que le ciel et la terre existent par elle, sont produits par elle : »

谷至虛而猶有形谷
神則虛而無形也虛
而無形尚無有生安
有死邪謂之谷神言
其德也謂之玄牝言
其功也牝生萬物而
謂之玄焉言見其生
之而不見其所以生
也玄牝之門言萬物
自是出也天地根言
天地自是生也

La difficulté d'expliquer clairement ce chapitre a donné lieu à quelques commentateurs chinois de supposer qu'il n'appartenoit pas en propre à Lao-tseu, et qu'il avoit été emprunté par lui à une époque philosophique bien antérieure à la sienne. En effet, le commentateur Tou-tao-Kien ou 杜氏 Tou-chi dit que Lie-tseu attribuoit ce chapitre non à Lao-tseu, mais à l'ancien empereur 黃帝 Hoang-ti, qui vivoit 2640 ans avant notre ère. Tou-chi en conclut que l'auteur du *Tao-te-King* a souvent emprunté de pareils fragments aux philosophes de la haute antiquité, dont la doctrine auroit été transmise jusqu'à lui verbalement, ou à leurs écrits, qui auroient encore existé de son temps, afin de les conserver à la postérité. Ainsi, ajoute-t-il, toutes les fois que dans le texte du *Tao-te-King* il est dit : 是以聖人 *chi i ching jin, C'est pourquoi le saint homme, etc.*, ou autre formule semblable, cette forme de conclusion indique que ce sont des paroles ou des maximes des philosophes de la haute antiquité qui viennent d'être citées.

韜光

[1] 天長地久天地
所以能長且久
者以其不自生
故能長久
[5] 是以聖人
後其身而身先
外其身而身存
非以其無私邪
[9] 故能成其私

DE ABSCONDITO LUMINE.

1. Cœlum extensum; terra permanens. Cœlum, terra, ea quæ possunt extensum et permanens [esse]°. Ea ipsa non sese producunt.
    Ideo possunt extensum-esse, permanere*que*.
5. Quam ob-rem, sanctus vir,
    Post-habet suum corpus, et corpus præest;
    Exterius-collocat [habet pro extraneo] suum corpus, et corpus conservatur.
    Nec-desinit τὸ semetipso non-habere privatum amorem.
9. Ideo potest perficere suos affectus.

VARIANTES.

1re *Ligne.* L'ancienne *édition* sur pierre portoit 天地長久 *thian thi tchang kieou.*

2e *Ligne.* Quelques éditions portent 之 *tchi* avant 所 *sso.* L'édition sur pierre n'a pas 且 *thsiei.*

4e *Ligne.* Au lieu de 久 *kieou,* quelques éditions portent 生 *seng;* l'ancienne *édition* sur pierre portoit 久 *kieou,* ainsi que l'édition *Tsi-kiaï.*

8e *Ligne.* Anciennement il y avoit 不 *pou,* au lieu de 非 *fei.*

VII.

LUMIÈRE DU CACHÉ.

ARGUMENT. Malgré le vague et l'obscurité permanente du texte, on peut découvrir cependant que Lao-tseu suit toujours une idée immuable, pour ainsi dire, qui consiste à mettre constamment en opposition la grandeur, la sagesse, l'immuabilité du Principe suprême, du ciel et de la terre, considérés comme participant à une partie de ses attributs éternels, avec la petitesse, la misère et la mutabilité de l'homme dans sa condition actuelle d'existence. Il prescrit sans cesse l'assimilation la plus complette possible de l'homme avec ces êtres éternels et immuables; et, poussant ce principe à ses dernières conséquences, il va, par une déduction plus logique que rationnelle, jusqu'à faire abstraction complette des lois naturelles de l'humanité qu'il dénature, pour l'élever à une perfection idéale qui n'est pas dans ses destinées présentes.

Le ciel est immense, la terre a une durée permanente; le ciel et la terre sont de tous les éléments visibles ceux qui ont une existence illimitée dans l'espace et le temps[1] : cela vient de ce qu'ils ne se reproduisent pas par la génération[2]; c'est pour cela qu'ils peuvent avoir une existence illimitée dans l'espace et le temps. C'est aussi pour cette raison que le saint homme place au second rang son corps mortel [produit par la génération], et par cela même il lui donne le premier rang; il traite avec dédain son corps mortel, et par cela même il lui donne une existence permanente. Il ne cesse de se dépouiller de toute affection ou inclination sensuelle; c'est pourquoi il peut perfectionner ou épurer ses affections privées.

EXTRAIT DES GLOSES DE HO - CHANG - KOUNG.

[1] 陰陽變通, les deux premiers principes mâle et femelle produisent toutes les transformations qui s'opèrent dans l'univers [sans la coopération du ciel et de la terre].

[2] 本無生滅, par leur essence propre et fondamentale, ils sont exempts de naissance et d'extinction ou d'annihilation.

5

COMMENTAIRE CHOISI DE SIE-HOÉÏ.

Les êtres qui sont de nature à *se reproduire* par la *génération* ont, par cela même, des *affections privées ;* les êtres qui ne sont pas de nature à *se reproduire par la génération* n'ont pas d'*affections privées.* L'Intelligence suprême dont il est question dans l'ouvrage est donc sans *affections privées.* Ceux qui pratiquent la doctrine de la Raison suprême mènent une vie honorable ; mais ayant des *affections privées,* par cela même ils ne sont pas unis et identifiés avec cette même Raison ou Intelligence suprême, si ce n'est en ce qui leur sert à améliorer leur conduite morale pendant la vie. C'est pourquoi l'amélioration de sa conduite morale pendant la vie, selon la doctrine de la Raison ou Intelligence suprême, n'est pas encore comparable à la condition d'avoir une vie indépendante de toute *reproduction propre et individuelle :*

自生者。自私也。不自生者無私也。夫道無私也。爲道者貴生而自私此不合於道非所以養生也。故養生之道莫若不自生。

Le ciel et la terre sont de tous les êtres visibles ceux qui ont une existence illimitée dans l'espace et le temps. Ils tiennent cette faculté du Principe suprême. De plus, n'étant pas de nature à *se reproduire par la génération,* alors ils n'*agissent* point ; n'*agissant* point, alors leur principe spirituel reste concentré en eux-mêmes, et ils peuvent par cela même continuer long-temps leur existence. S'ils étoient de nature à *se reproduire par la génération,* alors ils exerceroient une *action,* ils *agiroient ;* exerçant une *action, agissant,* alors leur principe spirituel seroit livré à un mouvement désordonné et sans fin. Dans cet état contraire, ils altéreroient eux-mêmes et détruiroient leur propre vie :

天地之所以長久者由此道也。且不自生則無爲。無爲則其神凝而可以長生。自生則有爲。有爲則其神妄動而不息。是反自傷其生矣。

Le saint homme, après avoir contemplé cette loi du ciel et de la terre qui ne *se reproduisent point par la génération,* sait que tout être qui cherche à reproduire des êtres vivants épuise et détruit la vie qu'il a en lui. C'est pourquoi *il met au second rang et regarde comme étranger son corps mortel,* afin d'imiter le ciel et la terre, qui ne *se reproduisent point par la génération.* Après la dissolution de son corps matériel, ce corps [qu'il *avoit mis au second rang,* dédaigné] a le *premier rang ; ce corps continue à subsister ;* il devient semblable en effet au ciel et à la terre, qui *ont une existence illimitée dans l'espace et le temps. Son corps a le premier rang, son corps continue à subsister :* c'est qu'il a *épuré ou rendu parfaites ses affections privées*[1]. Si l'on recherche la source ou l'origine de cette condition à laquelle il est parvenu on trouve, après de mûres considérations, qu'elle vient de ce qu'il *a mis au second rang* et *regardé comme un étranger sa personne* ou son propre corps, et l'a rendu exempt de toute *affection privée.* C'est pourquoi il est dit dans le texte : *Ne cessant de se dépouiller de toute affection ou inclination sensuelle et privée,* par cela même il a pu *épurer et rendre parfaites ses affections privées :*

[1] Nous devons avouer que ces distinctions sont très-subtiles, et que nous ne sommes pas sûr de les avoir parfaitement saisies.

聖人觀天地不自生之道，知凡求生者盡害生者也。故後其身以法天地之不自生也，卒之身先身存，亦如天地之長久矣。身先身存，是成其私也。原其所以致之，顧由於後外其身之無私。故曰：非以其無私邪？故能成其私。

Ce saint homme qui est *sans affections ou inclinations privées* n'a, dès le principe, jamais eu le désir de *perfectionner ses affections* ou *inclinations privées* dans son cœur ; car, s'il en étoit ainsi, il auroit fallu qu'il *possédât* des *affections privées* afin de pouvoir les *perfectionner*. Voilà la seule raison naturelle de cette condition d'être. Si l'on désire *perfectionner* ses *affections ou inclinations privées*, il faut par conséquent avoir en soi ces mêmes *inclinations privées*. Il n'y a jamais eu personne qui ait pu perfectionner [c'est-à-dire *anéantir complettement*] ses *affections privées*, tout en conservant ces mêmes *affections ou inclinations privées* :

夫聖人之無私，初非有欲成其私之心也。然而私以之成，此自然之道耳。如欲成其私，即有私也。未有有私而能成其私者也。

TCHING-TSEU a dit que les paroles de LAO-TSEU étoient exagérées et contradictoires, et que l'on ne devoit pas les prendre dans leur acception rigoureuse (?). J'ai essayé autrefois de me conformer à ce sentiment [pour le passage dont il s'agit] ; et maintenant, après l'avoir considéré de nouveau attentivement, je commence à ne plus penser ainsi. D'après cela, si dans ce chapitre la pensée [de LAO-TSEU] n'a pas une origine profonde et cachée, les reproches de TCHING-TSEU [1] seroient en effet justes et mérités, et il faudroit ainsi se rendre à son opinion ; mais toute la difficulté réside dans l'expression *sans affections ou inclinations privées* : cette expression *sans affections privées*, comment la qualifier de « paroles exagérées et contradictoires, que l'on ne doit pas prendre dans une acception rigoureuse » :

程子有曰老子之言竊弄闔闢者也予嘗以觀其言爲然乃今其之殆不然矣如此章者苟不深如原其意亦正如程子之所訶矣然要其歸乃在於無私夫無私者豈竊弄闔闢之謂哉

OBSERVATION.

La doctrine enseignée par LAO-TSEU, dans ce chapitre, est éminemment philosophique, sous une apparence peut-être paradoxale. C'est en effet une grande loi de la nature, que tous les êtres qui ont la faculté de se reproduire par la génération sont destinés à périr; contrairement à ceux qui, n'étant pas doués de la vie reproductive, nous paroissent devoir durer éternellement.

[1] Célèbre lettré de l'école de KHOUNG-TSEU, dont l'autorité est souvent invoquée par ses commentateurs. Il mourut en 1107 de notre ère.

易性

上善如水。水善利萬物而不爭。處衆人之所惡。故幾於道矣。居善地，心善淵。與善仁，言善信。政善治，事善能。動善時。夫惟不爭。故無尤矣。

FACILIS NATURA.

1. Suprema virtus sicut aqua [1]. Aqua virtus*que* beneficium-ferunt omnibus
    entibus et non contendunt. Habitant multi homines ea quæ abhorrent.
    — Quare appropinquunt ad supremum-Principium °.
5. Morationis virtus [*vel* qualitas] : terra ; — Cordis virtus : abyssus ;
    Largitionis virtus : humanitas ; — Loquelæ virtus : sinceritas ;
    Regiminis virtus : gubernatio ; — Negotii virtus : potentia ;
    Motûs virtus : tempus. Hæc solummodo non contendunt.
9. Idcirco non-habent delictum °.

VARIANTES.

2e *Ligne.* Quelques éditions portent 又 *yeou*, au lieu de 而 *eulh.*

3e *Ligne.* Anciennement il y avoit 居 *kiu*, au lieu de 處 *tchou.*

4e *Ligne.* Quelques éditions n'ont pas 矣 *i* final.

6e *Ligne.* Anciennement il y avoit 人 *jin*, au lieu de 仁 *jin.*

9e *Ligne.* Quelques éditions n'ont pas le 矣 *i* final.

EXTRAIT DES GLOSES.

¹ 性猶水也, sa nature ressemble à celle de l'eau.

² 利物無擇, en faisant du bien, en donnant du profit aux êtres, elle
ne fait aucun choix.

VIII.

NATURE DU FACILE.

ARGUMENT. Ce chapitre est consacré à définir les qualités de la vertu supérieure. Cette vertu supérieure ressemble à l'eau, parce que l'eau, pénétrant tout par sa fluidité, et surmontant tous les obstacles en paroissant y céder, est, dans la nature, l'élément qui produit le plus de bienfaits. L'eau fait fructifier toutes choses ; la vertu supérieure aussi. L'eau se répand partout ; la vertu supérieure aussi. L'eau répugne, par sa nature, à refluer vers les lieux élevés, et se plaît à séjourner dans les lieux bas ; la vertu supérieure aussi, parce que la vertu supérieure habite plutôt la chaumière du pauvre que les palais des grands. C'est toujours la doctrine du mépris des richesses et des honneurs.

La vertu supérieure est comme l'eau ; l'eau et la vertu font fructifier toutes choses et ne suscitent aucune contestation. Elles habitent les lieux détestés et méprisés par la foule des hommes ; c'est pourquoi elles se rapprochent de la Raison ou de l'Intelligence suprême.

La vertu de la demeure est attachée à la terre ; la vertu du cœur est un abîme ! La vertu de la libéralité, c'est l'humanité ou la bienveillance universelle ; la vertu de la parole, c'est la sincérité ; la vertu de l'administration, c'est de bien gouverner ; la vertu des affaires, c'est la capacité, le pouvoir ; la vertu du mouvement, c'est le temps. Ces choses-là ne suscitent aucune contestation, c'est pourquoi elles sont sans défauts.

COMMENTAIRE CHOISI DE SIE-HOÉÏ.

Ce que les hommes en général *détestent*, on le nomme bas, vil, méprisable : 衆人之所惡。謂卑下也。

Le caractère 幾 *ki* [*appropinquare*] signifie approcher de : 近也。

Posséder la vertu est une chose difficile ; mais ne pas *susciter des différents, des querelles,* est chose bien plus difficile encore.

La vertu fait du bien à tous les êtres ; ses qualités sont très-abondantes. Elle ne *querelle* point, et habite les lieux bas. Elle se répand au large et s'étend jusqu'aux lieux les plus éloignés. « Elle donne aux créatures la vie spirituelle, la vie morale, et » elle ne s'approprie pas leur mérite ; elle les fait ce qu'elles » sont, et elle ne s'en prévaut pas ; ses œuvres méritoires étant » accomplies, elle ne s'y attache point pour en tirer vanité » [Paroles du 2ᵉ chap.]. C'est le *Tao* ou Principe suprême. *Étant comme l'eau,* on peut dire qu'elle approche du premier Principe ou de la Raison suprême :

善利萬物　其德盛矣　不爭處下　厚之至也　生而不有　爲而不恃　功成而不　居者道也　如水者道　謂庶者可　道矣幾於

Hoaï-nan-tseu a dit : « Les choses qui existent dans le » monde sont bien loin de pouvoir être comparées à l'eau pour » leur souplesse et leur peu de résistance. Cela est ainsi, et les » objets les plus élevés ne peuvent l'atteindre, les objets les » plus profonds ne peuvent la sonder ; ce seroit vouloir trou- » ver un terme à ce qui n'a pas de limite ; ce seroit se plonger » dans une mer sans rivages ; ce seroit se consumer inutilement » à vouloir pénétrer ce qui ne peut pas être approfondi. En » haut, dans le ciel, l'eau forme la pluie et la rosée ; en bas, » sur la terre, elle forme les lacs et les étangs. Tous les êtres » sans obtenir ses bienfaits ne pourroient vivre ; toutes les choses » d'ici-bas sans obtenir ses bienfaits ne pourroient recevoir leur » complet développement. Élevée [se formant en pluie dans » l'air], l'eau prodigue ses bienfaits à tous les êtres vivants, » sans prédilection particulière pour aucun d'eux ; rassemblée » en lacs, en étangs, elle nourrit les animaux aquatiques, sans

» chercher sa récompense. Elle enrichit le monde, et ne s'épuise
» point ; sa vertu s'étend à tous les hommes, et ne se dissipe
» point : »

淮南子曰天下之物
莫柔弱於水然而大
不可極深不可測修
極於無窮遠渝於無
涯息耗減益通於不
譽上天則爲雨露下
地則爲潤澤萬物弗
得不生百事不得不
成大包羣生而無所
私澤及蚑蟯而不求
報富贍天下而不旣
德施百姓而不費

Je remarque que les paroles de Hoaï-nan sont justes ; qu'elles font une application parfaite du sens que la *vertu étendue et vaste procure du bien et du profit à tous les êtres.*

Cela veut dire que la *vertu supérieure est comme l'eau.* Elle agit sans exciter des *contestations* ou des *querelles.* Elle fuit les hauts lieux et demeure dans les lieux bas : c'est la *vertu qui appartient à la terre.* Cachée dans le cœur de l'homme, elle est subtile, difficile à saisir ; elle est si profondément éloignée des regards, qu'on ne peut la sonder : c'est *la vertu qui est un abîme.* Elle fait du bien à tous les êtres, elle les aime tous indistinctement, et n'a de prédilection pour personne, dénuée qu'elle est d'affections privées : c'est *la vertu qui est l'humanité* ou *la bienveillance universelle.* Ses paroles sont manifestes, portent témoignage de leur sincérité, et ne sont jamais mensongères ; c'est *la vertu qui est la sincérité même.* Si elle gouverne les royaumes, alors la paix, la pure tranquillité s'établissent d'elles-mêmes avec la droiture et l'équité : c'est *la vertu d'un bon gouvernement*. Si on se livre aux affaires et que l'on se conduise avec intégrité dans toutes les occasions, c'est *la vertu qui peut agir, qui est une capacité*. Le mouvement en avant, le mouvement en arrière, la conservation et le dépérissement, sont réunis dans la loi ou la raison du ciel : c'est *la vertu qui est le temps :*

此言上善若水也
行已不爭避高處也
下善地也藏心微
妙深不可測善淵
也其施兼愛而無
私善仁也其言有
徵而不爽善信也
治國則清靜自正
善治也遇事則因
應無方善能也進
退存亡合於天道
善時也

Le caractère 尤 *yeou* signifie défaut, *vice :* 過也,

Tous ceux qui se font une habitude de *quereller* les autres deviennent sages en cherchant à être soumis ou réprimés par les autres hommes. Ceux qui désirent se soumettre les hommes, les assujétir à leur domination, les hommes aussi désirent les soumettre et les vaincre. Peut-on ne pas regarder cela comme un *défaut,* un *vice* chez les hommes? Il n'y a que les humbles et les soumis qui ne cherchent point *querelle*[1] aux autres; la foule, s'abandonnant généralement à ses caprices, à ses penchants, n'est pas obéissante et soumise. Ce sont ceux-là [les humbles et les soumis] que l'on dit être *exempts de défauts :*

[1] 爭 *tséng.* Ce mot désigne toute espèce de *contestations* que l'on peut susciter aux autres; tous moyens violents et injustes pour parvenir à une fin.

所 而 者 惟 尤 勝 人 於 自 凡
以 不 衆 謙 於 之 者 人 賢 所
無 厭 將 遜 人 能 人 也 以 爲
尤 此 樂 不 乎 無 亦 欲 求 爭
也 其 推 爭 其 見 欲 勝 勝 者

La vertu pacifique, ou celle de ne pas chercher *querelle* aux autres, est recommandée fortement et à plusieurs reprises dans ce chapitre ; elle est le but principal de la pensée de l'auteur.

OBSERVATION.

La pensée générale de ce chapitre est, on peut le dire, éminemment chrétienne, quoiqu'elle soit de près de six cents ans antérieure au christianisme. On est heureux de rencontrer chez des nations que l'on a trop l'habitude, en Europe, de regarder comme barbares, des maximes pareilles de douceur et de mansuétude si propres à entretenir l'union et la bienveillance parmi les hommes. Le livre de LAO-TSEU, ainsi que les écrits de KHOUNG-TSEU, dont nous avons entrepris la publication, serviront, nous osons l'espérer, à rectifier beaucoup d'idées fausses admises jusqu'ici sur la foi de l'ignorance ou de la présomption la plus aveugle. Ne donne-t-on pas une idée plus digne et plus élevée de la Providence qui régit le monde, en la montrant occupée dès l'origine à enseigner au genre humain toutes les vérités éternelles qui peuvent faire son bonheur, qu'en la présentant comme le laissant pendant des milliers de siècles dans l'ignorance la plus complette de ces vérités, avant de les lui révéler ? Tous les esprits éclairés aujourd'hui s'accorderont à le reconnaître.

運夷

[1]持而盈之。不如其已。揣而銳之。不可長保。[5]金玉滿堂。莫之能守。富貴而驕。自遺其咎。功成名遂。身退。天之[10]道。

CIRCUMVECTIONIS DISPOSITIO.

1. Capere et implere illud, — Non sicut ab-illo abstinere.
Manu-gubernare et acuere illud, — Non potest diu conservari.
5. Auro gemmis*que* plena aula, — Non illa potest custodiri.
Divum, inclytum [esse] et superbire, — Semetipse relinquere sibi mala.
Merita perfecta; nomen sequitur; 10. Corpus retrocedit. — Cœli ° ratio.

VARIANTES.

1er *Vers.* Au lieu de 持 *tchi*, SSE-MA écrit 恃 *chi*.

2e *Vers.* Anciennement, au lieu de 揣 *tchouï*, il y avoit 敠 *chouï*, et quelques éditeurs écrivent 挩 *to*, au lieu de 銳 *jouï*.

4e *Vers.* L'ancienne édition sur pierre portoit 寶 *pâo*, au lieu de 保 *pâo*.

5e *Vers.* Les anciennes éditions portoient 室 *chi*, qui s'accordoit avec la rime, au lieu de 堂 *tháng*, qui ne rime pas.

7e *Vers.* Au lieu de 驕 *kiaô*, SSE-MA écrit 憍 *kiaô*.

9e *Vers.* L'ancienne édition sur pierre portoit 名成功遂 *ming tching koung souï*. WANG-PI écrit 功遂身退 *koung souï chin touï*. Quelques-uns écrivent 事 *sse*, au lieu de 名 *ming*. Quelques éditions n'ont pas les deux caractères 成名 *tching ming*.

I X.

MOUVEMENT CIRCULAIRE DES ÊTRES.

ARGUMENT. Selon plusieurs commentateurs chinois, le sens de ce chapitre est
m étaphorique.

Lao-tseu emprunte des figures à des faits physiques pour enseigner par analogie des
vérités morales, qui seroient moins facilement saisies sans leur secours. Comme en voulant pousser à l'extrême certaines choses, on finit par tout gâter ; de même, en voulant
trop posséder, on finit par se corrompre et tout perdre. Il vaut mieux ne rien faire que de
porter à l'excès ce que l'on fait. Il faut en tout garder une juste mesure ; c'est la condition
de la sagesse. Les richesses sont difficiles à conserver ; elles inspirent de l'orgueil, de la
vanité, qui sont des vices, et font négliger ses devoirs. Si au contraire le sage accomplit
ses bonnes actions, ses œuvres méritoires, sa bonne renommée passe à la postérité, tandis
que son corps retourne à la poussière dont il est formé. C'est la loi souveraine du ciel.

Si l'on remplit un vase dont on veut faire usage
jusqu'à ce qu'il déborde, il vaut mieux s'en abstenir.
Si l'on aiguise trop une lame dont on veut faire usage,
elle ne sera pas long-temps sans se rompre. Si l'on
possède une salle pleine d'or et de pierres précieuses,
on ne pourra pas la conserver telle. Si l'on s'enor-
gueillit d'être riche, élevé en dignité, on agit de manière à laisser de soi une mauvaise réputation. Si, au
contraire, l'homme accomplit des œuvres méritoires,
des actions vertueuses, sa bonne renommée lui survit,
lorsque son corps retourne à son principe ; c'est la loi
ou la raison du ciel.

DÉFINITIONS.

Le caractère 揣 se lit *tsouï*. 遺 se prononce *weï*. Le premier vers doit se tourner
ainsi : 盈而持之 *yng eulh tchi tchi*, *implere et capere illud*. Le deuxième vers
doit se tourner ainsi : 銳而揣之 *jouï eulh tsouï tchi*, *acuere et manu-gubernare
illud*. Dans le style ancien, on trouve beaucoup de semblables inversions.

COMMENTAIRE CHOISI DE SIE-HOÉÏ.

Le caractère 揣 *tsouï* [*manu-gubernare*] signifie gouverner,
diriger : 治也 。

Si l'on prend de l'eau dans un bassin ou un vase quelconque, et qu'en y ajoutant encore on le remplisse entièrement, il n'y a pas de raison pour qu'il ne déborde pas. C'est pourquoi il vaut mieux *s'abstenir* [de le remplir jusqu'à ses bords].

Si un homme cruel porte des blessures avec un fer aigu, et qu'il aiguise encore ce fer, il arrivera que ce fer sera promptement rompu en s'en servant. C'est pourquoi *il ne pourra pas être conservé long-temps.*

En recourant à un sens métaphorique pour trouver la raison de ces choses, on la découvrira facilement, et à plus forte raison pour le restant du texte : 借 物 理 之 易 見 者 以 況 下 文 。

Si l'on foule sous ses pieds de riches domaines qui rendent puissant, on les contemple avec complaisance, et l'orgueil que l'on en conçoit les fait accumuler, les fait augmenter continuellement ; c'est en cela *qu'on laisse après soi une réputation mauvaise et coupable,* sans même que l'on puisse conserver ses propres richesses et ses honneurs.

Ceux dont les bonnes actions sont accomplies dans l'ordre successif des quatre saisons, *s'en vont*[1] ; il n'y a que les grands hommes qui puissent les imiter. Si les bonnes actions de ces hommes étant accomplies, ils ne *s'en alloient pas* [ils ne retournent pas à leur principe], que devroient-ils donc faire encore ?

也 復 成 若 能 大 者 序 四
何 不 夫 法 人 退 功 時
爲 退 功 之 爲 惟 成 之

Lᴀᴏ-ᴛsᴇᴜ, dans son livre, fait souvent de la Raison ou du Principe agissant du ciel le grand ancêtre de tout. C'est pourquoi

---

[1] Le Dictionnaire de Kʜᴀɴɢ-ʜɪ donne la signification de 去 *kiu, abire,* à ce passage du *Tao-te-King* qu'il cite pour exemple.

il est dit [dans ce chapitre] : *C'est la Raison ou le Principe agissant du ciel;* il occasione des pertes à ceux qui ont du superflu, et il assiste ceux qui n'ont pas le suffisant. Le Principe agissant du ciel est sans affections de parenté ; il est toujours avec les hommes vertueux :

人 常 道 不 餘 道 曰 爲 以 書 老
與 無 足 而 損 天 崇 天 往 子
善 親 天 補 有 之 故 道 往 之

CHAO-TSEU a dit : « Les cinq mille caractères du livre de LAO-» TSEU sont consacrés en grande partie à éclaicir la Raison ou le » Principe des choses : ainsi donc la Raison des choses n'est par » conséquent que la Raison du ciel :

也 天 理 然 物 皆 大 千 子 曰 郘
理 卽 物 理 明 抵 言 五 老 子

OBSERVATIONS.

La fin du chapitre qui précède implique le dogme de l'immortalité de l'âme, ou du principe qui opère les bonnes actions, et celui de la mortalité du corps seul, que LAO-TSEU développe ailleurs d'une manière plus explicite. Voici un admirable passage du philosophe LIE-TSEU, de l'école de LAO-TSEU, et qui vivoit peu de temps après lui, sur le dogme que nous venons de signaler, et sur la nature complexe de l'homme.

Ce passage de LIE-TSEU, tiré du *Recueil des anciens philosophes chinois* [*kiouan* 2, f° 42], déjà cité p. 23, est intitulé : 天瑞 *thian tchoui*, *Manifestations célestes*, et il appartient au livre du même philosophe intitulé : 冲虛經 *tchoung hiu King, Livre révéré de l'incorporel, de l'immatériel ou de l'absolu.*

« L'être vivant, dit-il, par sa propre raison d'être, doit avoir une fin ;

» l'être qui a une fin ne peut pas ne pas avoir cette fin, de même que
» l'être vivant n'a pas pu ne pas devenir un être vivant ; mais s'il désire
» perpétuer sa vie, empêcher sa fin[1], il tombe dans un aveuglement
» grave sur le nombre des années qu'il lui est donné de vivre. Ce qui
» est subtil et immatériel [dans l'être vivant ou l'homme] est la portion
» du ciel ; ce qui compose la chair et les os est la portion de la terre.
» Ce qui appartient au ciel est pur et se disperse ; ce qui appartient à la
» terre est trouble, impur et se réunit. Les parties subtiles et immaté-
» rielles se séparent de la forme corporelle, et chacune d'elles retourne à
» son essence véritable. C'est pourquoi on appelle ces parties : *parties*
» *subtiles et immatérielles qui s'en retournent :* 鬼 *kouei.* Le nom qu'on
» leur a donné signifie donc *retourner ; mais c'est retourner à son véritable*
» *principe, à sa demeure primitive.* L'ancien empereur Hoang-ti a dit :
» Les parties subtiles et immatérielles rentrent par leur porte [ou vont
» rejoindre les essences subtiles et immatérielles de leur espèce], les os
» et la chair retournent à leur racine, à leur principe ; comment ce qu'il
» y a de supérieur en nous continue-t-il d'exister :

生者理之必終者也
終者不得不終亦如
生者之不得不終而
欲恆其生晝其終惑
於數也精神者天之
分骨骸者地之分屬
天清而散屬地濁而
聚精神離形各歸其
眞故謂之鬼鬼歸也
歸其眞宅黃帝曰精
神入其門骨骸反其
根我尙何存

[1] 欲止而不終, c'est-à-dire : « s'il désire s'arrêter, et ne pas avoir de fin. » (*Glose.*)

LES ANCIÉNS
PHILOSOPHES CHINOIS,

TRADUITS ET PUBLIÉS

EN LATIN, EN CHINOIS ET EN FRANÇOIS, AVEC PLUSIEURS COMMENTAIRES,

PAR M. G. PAUTHIER.

Parties publiées :

1° Le 道 德 經 *Tao-te-King* ou *le Livre Révéré de la Raison suprême et de la Vertu*, par LAO-TSEU, traduit en françois et publié pour la première fois en Europe, avec une version latine et le texte chinois en regard; accompagné du commentaire complet de SIE-HOÉÏ, d'origine occidentale, etc.

1re LIVRAISON :

L'Exemplaire en papier vélin grand-raisin........ 10 fr.
    id.   en papier jésus vélin 20
    id.   en papier de Chine.................... 40
Un Exemplaire imprimé sur *Peau* ou *Vélin*....... 100

NOTA. La seconde Livraison du *Tao-te-King* est sous presse. L'ouvrage entier ne dépassera pas cinq ou six Livraisons; il sera terminé par des *Tables alphabétiques* et par la *Liste générale* des Souscripteurs.

2° Le 大 學 *ta hio* ou la *Grande Étude*, le premier des *Quatre Livres* de philosophie morale et politique de la Chine, ouvrage de KHOUNG-TSEU [CONFUCIUS] et de son disciple THSĒNG-TSEU ; en *chinois*, en *latin* et en *françois*, avec le commentaire complet de TCHOÛ-HI, etc.

L'Exemplaire en papier vélin grand-raisin........ 15 fr.
    id.   en papier jésus vélin 25
    id.   en papier de Chine.................... 50
Un Exemplaire imprimé sur *Peau* ou *Vélin*....... 200

www.ingramcontent.com/pod-product-compliance
Ingram Content Group UK Ltd.
Pitfield, Milton Keynes, MK11 3LW, UK
UKHW020332130726
13696UKWH00003B/1306